Europäische Hochschulschriften

European University Papers
Publications Universitaires Européennes

Reihe I

Deutsche Literatur und Germanistik

Série I   Series I

Langue et littérature allemandes
German language and literature

Bd./Vol. 110

Jakob Spälti

Interpretationen
zu Heinrich von Kleists
Verhältnis zur Sprache

Herbert Lang Bern
Peter Lang Frankfurt/M.
1975

Jakob Spälti

Interpretationen
zu Heinrich von Kleists
Verhältnis zur Sprache

Jakob Spälti

Interpretationen zu Heinrich von Kleists Verhältnis zur Sprache

Herbert Lang Bern
Peter Lang Frankfurt/M.
1975

ISBN 3 261 01495 4

©

Herbert Lang & Cie AG, Bern (Schweiz)
Peter Lang GmbH, Frankfurt/M. (BRD)
1974. Alle Rechte vorbehalten.

Druck: Lang Druck AG, Liebefeld/Bern (Schweiz)

DANK
DEN ELTERN
UND LEHRERN

INHALTSVERZEICHNIS

HINWEISE

Die Zeichen

A   Hinweis auf eine Anmerkung. Die Zahl ist die Nummer der
Anmerkung (V 97).

L   Hinweis auf das Literaturverzeichnis. Die Zahl ist die Nummer des
Buches im Verzeichnis (V 105). Die Zahl hinter dem Schrägstrich bezeichnet eine Seite in diesem Buch.

LS   Hinweis auf die Sammlung "Heinrich von Kleists Lebensspuren" (L 13).
Die Zahl bezeichnet die Nummer der Mitteilung. Die bibliographischen
Angaben zu den Mitteilungen können dem Quellennachweis dieses Buches
entnommen werden.

V   Verweis auf eine Stelle in der vorliegenden Arbeit. Die Zahl bezeichnet
die Seite.

Die Kleist-Ausgabe

Heinrich von Kleist. Sämtliche Werke und Briefe. Band I und II. Herausgegeben von Helmut Sembdner. Carl Hanser Verlag, München. Fünfte, vermehrte
und revidierte Auflage 1970 (L 5).

Die Schriften Kleists werden nach dieser Ausgabe zitiert.

Bei den Dramen verweist die Zahl auf die Verszählung (Bühnenangaben
sind kursiv gedruckt).

Bei allen übrigen Schriften verweist die römische Zahl (I oder II) auf den
Band, die arabische auf die Seite. Die Zeilenzahl wird nach der Seitenzahl hinter
einem Komma angegeben. Alle Stellenangaben am Schluss der Zitate verweisen
auf die Seite oder Zeile, auf der das Zitat beginnt (bei Dramen auf den ersten
Vers des Zitates).

In den Zitaten sind alle und nur diejenigen Stellen unterstrichen, die
schon in der Vorlage hervorgehoben sind.

Unser Thema ist Kleists Verhältnis zur Sprache. Wir fragen aber nicht nur nach Kleists Sprachverständnis oder nach dem Problem der Sprache bei Kleist. Sprache bei Kleist käme so nur in den Blick, wie Kleist sie selbst versteht oder insofern sie ihm zum Problem wird. Aber auf diesen engen Bereich wollen wir uns nicht einschränken. Unsere Absicht ist es, möglichst viele Aspekte von Kleists Umgang mit der Sprache aufzuzeigen. So soll etwa die Sprache auch dort untersucht werden, wo sie Kleist selbstverständlich ist. Deshalb fragen wir allgemein und umfassend nach Heinrich von Kleists Verhältnis zur Sprache.

So gehört auch die Art, wie Kleist schreibt, zu seinem Verhältnis zur Sprache. Hier aber schränken wir uns ein. Kleists Stil berücksichtigen wir nicht.

Unser Vorgehen ist das der Einzelinterpretation. Aus Kleists Schriften wählen wir verschiedene Stellen, die auf unsere Frage Auskunft geben können. Diese Stellen sind der Ausgangspunkt der Interpretation. Die Auswahl und die Interpretation dieser Stellen geschieht einzig in der allgemeinen Hinsicht auf Kleists Verhältnis zur Sprache, nicht aber unter dem Gesichtspunkt einer bestimmten Auffassung dieses Verhältnisses. Darin unterscheidet sich unser Vorgehen von den Methoden, die in der wissenschaftlichen Literatur über Kleists Verhältnis zur Sprache bisher angewendet worden sind (A 1).

Das Ziel der Interpretation ist es, zu verstehen, was Kleist sagt (A 2).

Unserem Grundsatz gemäss ist jede der Einzelinterpretationen eine selbständige Einheit. Deshalb können wir sie so anordnen, dass Aehnliches beisammen steht. Dabei ist unser erster Gesichtspunkt die Art der Schrift, aus der die besprochenen Stellen stammen. Zuerst werden Zitate (A.) aus den Mitteilungen über Kleist, dann solche aus Kleists eigenen Schriften besprochen, und zwar (B.) aus den Briefen, (C.) aus den Aufsätzen und (D.) aus den Dichtungen. Auch bei der nächsten, feineren Einteilung wird Aehnliches zusammengestellt, diesmal aber so, dass das Folgende wenn möglich an das Vorhergehende anknüpft. Dieser Gesichtspunkt bestimmt auch die Stellen, an denen ein Epigramm ("Das Sprachversehen") und eine Anekdote ("Unwahrscheinliche Wahrhaftigkeiten"), welche beiden Schriftarten in der gröberen Einteilung nicht berücksichtigt sind, und einige Einzelstellen (Buchstaben- und Wortspiele) als Anhang eingeschoben sind.

A. AUS DEN MITTEILUNGEN UEBER KLEIST

Die Mitteilungen aus Kleists Bekanntenkreis geben uns darüber Auskunft, wie der Dichter gesprochen hat. Das alltägliche Gespräch mit dem Mitmenschen ist die natürlichste, unmittelbarste und selbstverständlichste Form der Sprache. Von ihr unterscheidet sich seinem Wesen nach alles Geschriebene.

Wenn wir einzig Kleists Schriften nach dem Verhältnis zur Sprache befragen, erreichen wir nur einen Teil dieses Verhältnisses. Damit wir erfahren, wie Kleists alltäglicher mündlicher Umgang mit der Sprache aussah, müssen wir die Mitteilungen aus dem Freundeskreis danach untersuchen.

Die Mitteilungen entnehmen wir der Sammlung "Heinrich von Kleists Lebensspuren. Dokumente und Berichte der Zeitgenossen", die Helmut Sembdner herausgegeben hat (L 13). Die Zahl nach dem Zeichen LS verweist auf die Nummer der Mitteilung in diesem Buch (V 9).

a. Die Zerstreutheit

Kleists alltäglicher mündlicher Umgang mit der Sprache hängt aufs engste mit seiner Zerstreutheit zusammen, der wir uns zuerst zuwenden. Bülow berichtet:

"Kleists ausserordentliche Zerstreutheit ward seinen Freunden oft ein Gegenstand des Spottes, und er lachte, sobald er geneckt ward, häufig selbst darüber mit. Er mochte in seine Studien noch so sehr vertieft sein, sobald sein jüngerer Bruder eine Melodie zu singen anhub, und in der Mitte abbrach, sang Kleist sie ohne Zweifel weiter. Als er eines Tages aus dem Kollegium kam, wollte er nur seinen Rock zu Hause wechseln; zog sich jedoch in Gedanken bis auf das Hemde aus, und war eben im Begriffe zu Bett zu steigen, als sein Bruder dazukam, und ihn durch lautes Gelächter aus dem Traume weckte." (LS 33a)

Wir sehen Kleist zuerst ganz in Gedanken versunken. Seine Aufmerksamkeit richtet sich ungeteilt auf das Gedachte. Nun pfeift jemand eine Melodie, Kleist hört sie, wendet ihr aber nur wenig Aufmerksamkeit zu, denn ihr grösster Teil bleibt bei den Gedanken. Es wird ihm nicht bewusst, dass er eine Melodie hört. Er kennt die Melodie und setzt sie fort, sobald sie abbricht. Er pfeift, ohne zu wissen, dass er pfeift, er tut etwas, ohne selbst dabei zu sein.

Aehnlich geht es mit dem Rock. Hier ist es aber nicht ein äusserer Anlass, sondern eine Absicht, die die automatische Handlung in Gang bringt. Die beabsichtigte Handlung des Rockwechselns verlangt einen Richtungswechsel (ausziehen - anziehen), was mehr Aufmerksamkeit benötigt als die Handlung des Entkleidens, die nur in einer Richtung verläuft. Beide Handlungen beginnen mit dem Ausziehen des Rockes. Da der Handlung aber zuwenig Aufmerksamkeit geschenkt wird, geschieht anstelle der komplizierteren die einfachere Handlung.

In beiden Fällen - beim Pfeifen sowohl als auch beim Entkleiden - ist die Aufmerksamkeit, die Kleist seinen Handlungen zukommen lässt, zu klein, als dass sie bewusst werden könnten.

Der Zerstreute zeichnet sich dadurch aus, dass er nicht bei dem ist, was er tut. Ob das geschieht, weil er seine Aufmerksamkeit ganz auf seine Gedanken lenkt oder weil seine Aufmerksamkeit überhaupt klein ist (er sich also in einem Dösen befinde), wäre schwer zu entscheiden. Eine Aeusserung Scheffners macht uns auf eine andere Art der Abwesenheit bei Kleist aufmerksam:

> "Wie ein der Meerestiefe entsteigender Taucher sich wenigstens in den ersten Augenblicken nicht auf alles Grosse und Schöne besinnt, was er in der Wasserwelt gesehen, und es nicht zu erzählen vermag, so schien es bisweilen bei Heinrich von Kleist der Fall zu sein." (LS 142)

Ob Kleist nur gerade, wenn er aus einer Träumerei aufwachte, oder auch sonst diesen Eindruck auf Scheffner machte, wird nicht gesagt. Jedenfalls wird hier das "Nicht-sein-bei" klar als ein "Sein-bei-anderem" verstanden, welches andere sich durch den tiefen Eindruck, den es macht, auszeichnet. Wir können sagen, dass Kleist selbst dann, wenn er "da" ist, auf das andere bezogen bleibt, wie Träumer ja auch dann, wenn sie sich nicht ganz einem Traum hingeben, von ihrer Traumwelt bestimmt werden. Allerdings bleibt es fraglich, ob sich der Träumer wirklich dem Traum hingibt, oder ob es nicht vielmehr der Traum ist, der den Träumer hinwegzieht (A 3).

b. Das Verstummen

Anschliessend an die Mitteilung über Kleists zerstreutes Handeln berichtet Bülow von einer anderen Erscheinung:

> "Nach einer Mitteilung Fouqués hatte ihn derselbe zuweilen mit vieler Lebendigkeit eine Begebenheit zu erzählen anfangen, plötzlich mitten darin verstummen und still dasitzen sehen, als ob er allein im Zimmer gewesen wäre. An sein Schweigen erinnert, hatte er zwar mit über sich selbst gelacht und wieder zu erzählen angefangen, war aber nicht selten zum andernmale in denselben Fehler verfallen." (LS 33a)

Von diesem Verstummen berichtet auch eine unbekannte Freundin Kleists:

> "Kleists Persönlichkeit, obgleich in ihr etwas Düsteres und Beängstigendes lag, soll doch, besonders für Frauen, höchst anziehend gewesen sein. Für gewöhnlich sprach er wenig und in gedrängter Kürze, doch regte ihn ein Gegenstand dergestalt an, dass er das Bedürfnis fühlte, sich darüber auszusprechen, so riss seine Rede alle Zuhörer mit sich fort - oft geschah es aber, dass er mitten im Redestrom plötzlich abbrach, vor sich hinstarrte, als erblicke er irgend etwas vor sich, und dann in dumpfes Hirnbrüten versank, wo dann nichts mehr aus ihm herauszubringen war." (LS 33b)

Wir können das plötzliche Verstummen mitten im Erzählen als plötzlichen Wechsel vom "Sein-bei-etwas" zum "Nicht-mehr-sein-bei-etwas" verstehen. Die Aufmerksamkeit wird dem Erzählen plötzlich entzogen. Da zum Erzählen mehr Aufmerksamkeit nötig ist als etwa zum Pfeifen einer Melodie, geht das Erzählen nicht einfach automatisch weiter, sondern es verstummt, wenn ihm die Aufmerksamkeit entzogen wird.

Der Erzähler schenkt beim Erzählen seine Aufmerksamkeit dem Erzählten. Dabei nimmt er natürlich Bezug auf die Zuhörer, aber dieser Bezug kann sehr schwach sein.

Im Zwiegespräch dagegen ist es nötig, dass dem Gesprächspartner ein grosses Mass an Aufmerksamkeit gewidmet wird - aber selbst in diesem Fall entschwindet Kleists Aufmerksamkeit in eine andere Welt, wie es der alte Wieland feststellen musste:

"Er schien mich wie ein Sohn zu lieben und zu ehren; aber zu einem offenen und vertraulichen Benehmen war er nicht zu bringen. Unter mehrern Sonderlichkeiten, die an ihm auffallen mussten, war eine seltsame Art der Zerstreuung, wenn man mit ihm sprach, so dass z.B. ein einziges Wort eine ganze Reihe von Ideen in seinem Gehirn, wie ein Glockenspiel anzuziehen schien, und verursachte, dass er nichts weiter von dem, was man ihm sagte, hörte und also auch mit der Antwort zurückblieb. Eine andere Eigenheit und eine noch fatalere, weil sie zuweilen an Verrücktheit zu grenzen schien, war diese: dass er bei Tische sehr häufig etwas zwischen den Zähnen mit sich selbst murmelte und dabei das Air eines Menschen hatte, der sich allein glaubt oder mit seinen Gedanken an einem andern Ort und mit einem ganz andern Gegenstand beschäftigt ist. Er musste mir endlich gestehen, dass er in solchen Augenblicken von Abwesenheit mit seinem _Drama_ zu schaffen hatte, und dies nötigte ihn, mir gern oder ungern zu entdecken, dass er an einem Trauerspiel arbeite, aber ein so hohes und vollkommenes Ideal davon seinem Geiste vorschweben habe, dass es ihm noch immer unmöglich gewesen sei, es zu Papier zu bringen." (LS 89)

Wieland hat beobachtet, dass ein einziges Wort Anlass zu Kleists Verstummen ist, weil es bei ihm eine ganze Assoziationskette auslöst, wie wir heute sagen würden. Es fiel Wieland an Kleists Murmeln auf, dass er nicht nur abwesend, sondern auch mit einem andern Gegenstand beschäftigt war. Auf seine Frage erhielt Wieland von Kleist die Auskunft, dass das andere, dem er sich in solchen Momenten zuwandte, die Dichtung war.

In diesem Fall dürfen wir also gewiss sein, dass Kleist deshalb verstummte, weil ein Wort, ein Gedanke, der sich auf seine dichterische Welt bezog, bewirkte, dass diese dichterische Welt Kleist plötzlich völlig in Anspruch nahm, so dass er Wieland gar nicht mehr beachtete.

c. Die Begeisterung

Beachten wir nun noch, dass Kleists Rede alle Zuhörer mitriss, wenn er das Bedürfnis hatte, sich über etwas auszusprechen (LS 33 b).

Kleist begeistert seine Zuhörer, weil er selbst von dem, was er sagt, begeistert ist, denn dass er als kalter Schauspieler die Begeisterung nur inszeniert, ist völlig ausgeschlossen, einmal weil die unbekannte Freundin gewiss mit Recht von Kleists Bedürfnis, etwas auszusprechen, berichtet (LS 33b), und dann weil

15

der Schauspieler sich selbst so sehr in der Hand hat und so sehr über der Sache steht, dass ein Verstummen der Art, wie wir es bei Kleist gesehen haben, ganz undenkbar ist. Kleist ist selbst von dem, was er erzählt, hingerissen.

Wie ist dieses Hingerissensein mit dem plötzlichen Verstummen vereinbar? Die Begeisterung lässt etwas von der Faszination ahnen, die die andere Welt auf Kleist ausübt. Vielleicht lässt sich das Verstummen so erklären, dass die andere Welt Kleist begeistert und hinreisst, bis sie ihn schliesslich ganz hinwegreisst, so dass er die Begeisterung seines Erzählens immer steigert, bis er schliesslich verstummt.

d. Der Sprachfehler

Kleist begeisterte seine Zuhörer nicht nur, wenn er etwas erzählte, sondern auch, wenn er vorlas. Wir entnehmen dies einer Mitteilung von Hedwig von Olfers:

"Gern las er seine Werke den Freunden vor, und Frau (Hedwig) von Olfers, die Tochter Staegemanns, erinnert sich noch, 'Penthesilea' und den 'Prinzen von Homburg' von ihm gehört zu haben: er begann meist zaghaft, fast stotternd, und erst allmählich ward sein Vortrag freier und feuriger."
(LS 504)

Dieser Mitteilung muss eine Aeusserung Dahlmanns gegenübergestellt werden:

"Genug, ich machte häufig den Vorleser, auch wenn andere dabei waren; denn Kleist selber ging ungern daran, weil er bei seiner bedeckten Stimme und seiner Hast leicht ins Stottern geriet, allein einzelne Stellen las er mit einem so unwiderstehlichen Herzensklange der Stimme, dass sie mir noch immer in den Ohren tönen." (LS 317)

Hedwig von Olfers sagt, dass Kleist zu Beginn des Vortrags fast stotterte, und dass er gern aus seinen Werken vorlas. Dahlmann dagegen berichtet, dass Kleist im Verlauf des Vortrags ins Stottern geriet und dass er nicht gern vorlas.

Die beiden Mitteilungen sagen zwar Verschiedenes aus, brauchen sich aber deshalb keineswegs zu widersprechen, denn es ist sehr wohl denkbar, dass es bald so, bald anders war. Dass aber trotzdem dem Bericht Dahlmanns das grössere Gewicht zukommt, geht aus weiteren Mitteilungen hervor, die von einem Sprachfehler Kleists berichten.

Tieck sagt, Kleist habe gleich wie Torquato Tasso eine "etwas schwere Zunge" gehabt (LS 274a). Scheffner spricht von einem "Fehler am Sprachorgan", der Kleists "Eifer in geistreichen Unterhaltungen einen Anschein von eigensinniger Härte" gegeben habe (LS 142). Und Bülow berichtet, dass es Kleist verdächtig machte, "dass er so leicht verlegen ward, stotterte, errötete, ein Kindergesicht hatte, und Französisch eigentlich fliessender als Deutsch sprach" (LS 155).

Wir wissen schon, dass Kleist in gedrängter Kürze (LS 33b), mit Hast (LS 317) und im Eifer (LS 142) sprach. Wer mit Hast spricht, hat keine Zeit zum Sprechen. Deshalb drängt er auch alles, was er sagen will, zusammen. Eifer kommt noch dazu und zeigt an, dass das, was gesagt werden soll, ein wichtiges Anliegen ist. Es ist begreiflich, dass solches Sprechen leicht ins Stottern gerät, wobei, bildlich gesprochen, nicht wie gewöhnlich ein Wort, ein Gedanke nach dem anderen zum Mund hinausfliessen kann, sondern alle Wörter und Gedanken in ein und demselben Moment auf den Engpass des Mundes zukommen und eine Stauung bilden, so dass sich die Wörter, unter dem Druck des heftigen Andrangs, ineinander verkeilen und schliesslich überhaupt nicht mehr hinausfliessen können.

Dabei stellen wir fest, dass der Stotterer zum Sprechen keine Zeit hat, sich keine Zeit lässt, und dass das, was er sagen will, sich durch grosse Intensität auszeichnet. Der Stotterer ist hingerissen von dem, was er sagen will, und kann ihm nicht gelassen gegenübertreten.

Wir haben schon gesehen, dass Kleist hinweggerissen wird, wenn er verstummt (V 16). Das gleiche Hingerissensein zeigt sich auch im Stottern, welches ja auch ein Verstummen ist. Das Verstummen geschieht also auf zwei Arten. Einmal ist es ein gänzliches Uebertreten in die andere Welt, so dass Kleist auf dieser Welt ganz abwesend ist und keinerlei Beziehung zu den Mitmenschen mehr hat. Und dann verstummt Kleist im Stottern, wobei er zwar anwesend bleibt, aber nichts sagen kann, da er von der andern Welt zu sehr bedrängt wird.

Wenn wir das Hinreissen als die Faszination einer anderen Welt verstehen, können wir sagen, dass es diese andere Welt ist, die das Verstummen und Stottern Kleists bewirkt.

Wir sehen jetzt, dass die beiden Welten in hohem Mass nicht miteinander vereinbar sind. Jedenfalls kann Kleist, solange er stark von der andern Welt bestimmt ist, nicht sprechen.

Neben der Mitteilung der unbekannten Freundin (LS 33b), dass Kleist nur wenig sprach, steht diejenige Tiecks, dass er "ernst und schweigsam" sei (LS 274a) und diejenige von Wilhelmine, welche sagt, dass er "sehr melancholisch und finster" war und "sehr wenig" sprach (LS 36).

Dass Kleist nur wenig sprach, ist wohl daher zu begreifen, dass er die meiste Zeit, und zwar, wie wir hörten, selbst wenn er sich in Gesellschaft befand, von der anderen Welt bestimmt war.

Wir halten nicht die eine Erscheinung für die Ursache einer anderen, sondern wir versuchen, die verschiedenen Erscheinungen, die wir besprochen haben (die Zerstreutheit, das Verstummen, den Sprachfehler, die Verschwiegenheit) auf einen gemeinsamen Grund (die "andere Welt") zu beziehen, den wir freilich nicht näher beschrieben haben.

e. Die Sprachpflege

Wir haben gesehen, dass Kleist wenig sprach und beim Sprechen leicht ins Stottern geriet. Wenn wir diesen Sachverhalt richtig einschätzen wollen, müssen wir ihm Kleists Sprachpflege gegenüberstellen.

Von Kleists Bemühung um eine gute Aussprache berichtet uns Bülow:

"Die Kunst, vorzulesen, war ein Gegenstand, über den Kleist viel nachgedacht hatte und oft sprach. Er fand es unverzeihlich, dass man dafür so wenig tue und jeder, der die Buchstaben kenne, sich einbilde, auch lesen zu können, da es doch ebenso viel Kunst erfordere, ein Gedicht zu lesen, als es zu singen, und er hegte daher den Gedanken, ob man nicht, wie bei der Musik, durch Zeichen auch einem Gedichte den Vortrag andeuten könne. Er machte sogar selbst den Versuch, schrieb einzelne Strophen eines Gedichtes auf, unter welche er die Zeichen setzte, die das Heben, Tragen, Sinkenlassen der Stimme usw. andeuteten, und liess es also von den Damen lesen." (LS 145)

Kleist hatte offenbar eine ganz bestimmte Vorstellung davon, wie ein Gedicht gelesen werden sollte. Er bemühte sich, diese Vorstellung als Vorschrift anderen Lesern weiterzugeben. Er wollte aber auch selbst noch lernen. Das geht aus dem Brief an Ulrike (Leipzig, den 13. und 14. März 1803) hervor, in dem Kleist schreibt:

"Ich nehme hier Unterricht in der Deklamation bei einem gewissen Kerndörffer." (II 730, 15)

Kleist bemühte sich nicht nur um die Aussprache, sondern auch um die geschriebene Sprache. Wir erinnern daran, dass Kleist etwa dem Tagebuch grossen Wert beimass und ständig bemüht war, sein Wissen und Können im Bereich der Sprache zu erweitern. Für uns wird dieses Bemühen erst dort sichtbar, wo er seine Erfahrungen weitergab, nämlich im Unterricht an Wilhelmine.

Vom Zweck und Nutzen dieses Unterrichts hatte Kleist eine ganz bestimmte Vorstellung, die er seiner Braut im Brief vom 30. Mai 1800 auch mitteilte:

"Denn durch solche schriftlichen Auflösungen interessanter Aufgaben üben wir uns nicht nur in der Anwendung der Grammatik und im Stile, sondern auch in dem Gebrauch unsrer höheren Seelenkräfte; " (II 505, 24)

Im gleichen Brief gab Kleist Wilhelmine auch eine beispielhafte Lösung einer Denkübung (II 506, 4). Einige solche Aufgaben, die Kleist für seine Braut zusammenstellte, sind erhalten (II 508).

Im Brief vom 29. (und 30.) November 1800 stellte Kleist Wilhelmine 16 Fragen, wie zum Beispiel "Was ist lieblich?" (II 606, 23), damit sie ihren "Scharfsinn in dem Auffinden des Aehnlichen" (II 606, 20) prüfen konnte.

Am 13. November riet Kleist seiner Braut, ein Tagebuch zu führen:

"Ich wollte Dir bei meiner Anwesenheit in Frankfurt vorschlagen, ob Du Dir nicht ein Tagebuch halten wolltest, nämlich ob Du nicht alle Abend aufschreiben wolltest, was Du am Tage sahst, dachtest, fühltest etc. Denke einmal darüber nach, ob das nicht gut wäre. Wir werden uns in diesem unruhigen Leben so selten unsrer bewusst - die Gedanken und die Empfindungen verhallen wie ein Flötenton im Orkane - so manche Erfahrung geht ungenutzt verloren - das alles kann ein Tagebuch verhüten." (II 590, 23)

Das Aufschreiben der Erlebnisse in einem Tagebuch hat zwei Vorteile. Einmal dient es dazu, sich das Erlebte und damit sich selbst bewusst zu machen, und dann bewirkt es auch, dass das in der Zeit Vorbeifliessende Dauer erhält und jederzeit wieder vorgenommen werden kann.

B. AUS DEN BRIEFEN

In den Briefen hat Kleist seine persönlichen Anliegen und Nöte mitgeteilt. Wir finden aber darin auch grundsätzliche Ueberlegungen, gerade zu der Frage nach der Sprache. Aber auch die grundsätzlichen Gedanken Kleists sind nicht ein blosses unbeteiligtes Betrachten von aussen, sondern sie sind immer mit dem, was Kleist angeht, verknüpft.

Bei der Besprechung von Kleists Briefen halten wir uns an die chronologische Reihenfolge. Die einzelnen Kapitel sind durch die Empfänger des besprochenen Briefs bestimmt. Zweimal werden Stellen aus mehreren Briefen an Wilhelmine zusammengefasst.

1. Brief an Christian Ernst Martini, 18. (und 19.) März 1799

Wir achten in diesem Brief auf Kleists Verhältnis zu seinem Bekanntenkreis. An erster Stelle steht die Frage nach seiner Einschätzung der Gesellschaft und an zweiter Stelle die Frage nach seiner Beurteilung des Vertrauens im Blick.

Kleist erzählt seinem Lehrer Martini:

"Man fragte mich, ob ich auf Konnexionen bei Hofe rechnen könne? Ich verneinte anfänglich etwas verlegen, aber erklärte darauf, um so viel stolzer, dass ich, wenn ich auch Konnexionen hätte, mich nach meinen jetzigen Begriffen schämen müsste, darauf zu rechnen. Man lächelte, ich fühlte, dass ich mich übereilt hatte. Solche Wahrheiten muss man sich hüten, auszusprechen." (II 482, 19)

Kleist gerät in eine Verlegenheit und versucht, sie durch eine grobe Unbescheidenheit wett zu machen. Kleist gibt zwar zu, dass er sich übereilt habe, stellt aber doch fest, dass man solche Wahrheiten nicht aussprechen dürfe. Damit erweckt er den Eindruck, als ob es ihm in der Gesellschaft nicht gestattet sei, die Wahrheit zu sagen. Ob Kleist nur so spricht, um sich damit zu rechtfertigen, oder ob er auch so denkt, können wir kaum unterscheiden. Jedenfalls wird von der Gesellschaft nur getadelt, dass er sich rühmt, und nicht, dass er die Wahrheit sagt. Die Gesellschaft hält sich an gewisse Regeln des Anstandes, und diese betreffen auch das, was gesagt werden darf und was nicht gesagt werden soll. Kleist hat offenbar Mühe, sich an diese Regeln zu halten. Wenn er sie übertritt, beklagt er sich mit nicht ganz zutreffenden Rechtfertigungen.

Dass Kleists Verhältnis nicht nur zu der Gesellschaft als solcher, sondern auch zu den einzelnen Personen gespannt war, geht aus einer weiteren Stelle dieses Briefes hervor:

"Unterdes fühle ich die Notwendigkeit, mich einem vernünftigen Manne gerade und ohne Rückhalt mitzuteilen, und seine Meinung mit der meinigen vergleichen zu können. Allen, die um meinen Entschluss wissen, meiner Familie, mit Ausschluss meiner Schwester Ulrike, meinem Vormunde, habe ich meinen neuen Lebensplan nur zum Teil mitgeteilt, und daher trafen auch alle Einwürfe von ihrer Seite denselben nur halb. Mich ihnen ganz zu eröffnen, war aus Gründen, deren Richtigkeit Sie nach vollendeter Durchlesung dieses Briefes einsehen werden, nicht ratsam. " (II 473, 23)

Weshalb Ulrike eine Ausnahme bildet, erklärt Kleist weiter unten:

"Sie ist die einzige von meiner Familie, der ich mich ganz anzuvertrauen schuldig bin, weil sie die einzige ist, die mich ganz verstehen kann. "
(II 486, 3)

Kleist ist nur offen, wenn er erwartet, dass er verstanden wird. Wenn er glaubt, dass er nicht verstanden wird, gibt er nur einen Teil seiner Absicht bekannt, um die Einwände, die er erwartet, zum voraus zu entkräften.

Kleist teilt die Leute ein in solche, denen er sich anvertraut und solche, denen er sich nicht ganz mitteilt. Dabei stützt er sich auf Erfahrungen, die er früher mit diesen Leuten gemacht hat. Kleist fühlt sich nur verpflichtet, gegenüber denjenigen Leuten offen zu sein, von denen er annimmt, dass sie ihn verstehen. Er fühlt sich nur von denjenigen Leuten verstanden, die seine Pläne befürworten, und er bemüht sich auch nur ihnen gegenüber, sich verständlich zu machen. Denn "etwas verstehen" heisst für Kleist auch "etwas billigen". Das zeigt sich deutlicher in dem Brief, dem wir uns nun zuwenden wollen.

2. Brief an Ulrike von Kleist, 12. November 1799

In diesem Brief beachten wir zuerst kurz, wie Kleist hier das Briefschreiben beurteilt:

"Diese vierzehn Tage der Ruhe, diesen Sonntag für meine lange geschäftsvolle Woche, benutze ich, um mich einmal nach Herzenslust zu vergnügen; und dieses Vergnügen soll ein Brief an Dich sein. " (II 494, 16)

Dann nehmen wir die Frage nach dem Zusammenhang zwischen dem Verstehen und dem Billigen wieder auf und schliessen mit der Besprechung eines weiteren Hindernisses des Verstehens.

Kleist sehnt sich danach, verstanden zu werden und beklagt sich darüber, dass er verkannt wird:

"Verstanden wenigstens möchte ich gern zuweilen sein, wenn auch nicht aufgemuntert und gelobt, von einer Seele wenigstens möchte ich gern zuweilen verstanden werden, wenn auch alle andern mich verkennen. "
(II 495, 1)

Ueber seine Vorsätze sagt er:

"... verstanden werden sie nicht, das ist gewiss, und daher, denke ich, werden sie nicht gebilligt. Wessen Schuld es ist, dass sie nicht verstanden werden - das getraue ich mich wenigstens nicht zu meinem Nachteil zu entscheiden. " (II 495, 36)

weisst nicht, wie es in meinem Innersten aussieht. Aber es
t Dich doch? - O gewiss! Und gern möchte ich Dir alles mittei-
es möglich wäre. Aber es ist nicht möglich, und wenn es auch
es Hindernis gäbe, als dieses, dass es uns an einem Mittel zur
fehlt. Selbst das einzige, das wir besitzen, die Sprache taugt
, sie kann die Seele nicht malen, und was sie uns gibt sind nur
e Bruchstücke. Daher habe ich jedesmal eine Empfindung, wie
n, wenn ich jemandem mein Innerstes aufdecken soll; nicht eben
ch vor der Blösse scheut, aber weil ich ihm nicht <u>alles</u> zeigen
ht <u>kann</u>, und daher fürchten muss, aus den Bruchstücken falsch
en zu werden. Indessen: auf diese Gefahr will ich es bei Dir wagen
o gut ich kann, in zerrissenen Gedanken mitteilen, was Interesse
haben könnte." (II 626,13)

Ulrike nicht wisse, wie es in Kleists Innerstem aussehe, ist wohl
, dass er sich einerseits darüber beklagt, dass Ulrike nicht weiss,
, andrerseits aber auch darüber, dass sie nicht weiss, wie <u>schlecht</u>

möchte nicht aufdringlich sein, nicht irgend jemandem sein Herz aus-
sich nicht um ihn kümmert. Deshalb fragt er, ob es Ulrike überhaupt
wie es ihm gehe, ob sie an seinem Leben Anteil nehme. Aber die Be-
rasch zerstreut, denn Kleist weiss, dass Ulrike ihm zugetan ist.

ern möchte ich Dir alles mitteilen, wenn es möglich wäre. Aber es
ht möglich ..." (II 626,14)

ist die Absicht ausgesprochen, wird auch schon die Unmöglichkeit
rung behauptet: Es ist unmöglich, alles mitzuteilen.
esen zuerst: Es ist unmöglich, <u>alles</u> mitzuteilen. Kleist klagt darüber,
einiges mitteilen kann. Das genügt ihm aber nicht, denn er fordert,
itgeteilt werden soll. Die Klage betrifft die Vollständigkeit der Mit-

hören aber auch die andere Betonung des Satzes: Es ist unmöglich,
eilen. Jetzt ist nicht mehr die Vollständigkeit der Mitteilung, sondern
ng selbst, die vorher nicht beachtet wurde, im Blick. Kleist bezweifelt,
g überhaupt möglich sei. Dieser Zweifel scheint uns zunächst nicht ge-
zu sein, denn Kleist schreibt ja immerhin einen Brief, in dem er sich
enn wir Kleist ernst nehmen, ist aber das, was möglich ist, nicht Mit-
nn Mitteilung soll ja nicht möglich sein. Wir sehen, dass Kleist, wenn er
möglichkeit der Mitteilung spricht, das Wort "Mitteilung" in einer Be-
rsteht, die sehr viel strenger als die gewöhnliche ist. Dass gewöhnliche
möglich ist, daran zweifelt Kleist wohl nicht, aber totale Mitteilung hält
öglich.

r fragen nun, wie die beiden Lesarten unseres Satzes zusammengehören.
einen ist vollständige, nach der anderen totale Mitteilung nicht möglich.
ständigkeit betrifft das Ausmass (die Quantität), die Totalität betrifft die
Qualität) der Mitteilung. Wir haben bis jetzt die Vollständigkeit und die
streng unterschieden und dabei die beiden Aspekte (Quantität/Qualität)
eilung gewonnen. Nun beachten wir, dass Kleist eine Mitteilung anstrebt,

Kleists Vorsätze werden nicht gebilligt. Dies führt er darauf zurück, dass
sie nicht verstanden werden. Wir wissen aber, dass Kleist sich seiner Familie
nur in beschränktem Ausmass mitteilt (V 19). Aus diesem Grund und weil wir von
Kleist nie hören, dass er sich bemüht, die Meinung seiner Familie zu verstehen
(wenn auch nicht zu billigen), sind wir nicht so sicher, dass Kleist keine Schuld
am Nichtverstehen trifft.

Kleists Klage, nicht verstanden zu werden, vernehmen wir noch in einer
anderen Hinsicht:

"Wenn ein anderer z.B. ein Buch, ein Gedicht, einen Roman gelesen hat,
das einen starken Eindruck auf ihn machte und ihm die Seele füllte, wenn
er nun mit diesem Eindruck in eine Gesellschaft tritt, er sei nun froh oder
schwermütig gestimmt, er kann sich mitteilen, und man versteht ihn. Aber
wenn ich einen mathematischen Lehrsatz ergründet habe, dessen Erhabenheit und Grösse mir auch die Seele füllte, wenn ich nun mit diesem Eindruck
in eine Gesellschaft trete, wem darf ich mich mitteilen, wer versteht mich?
Nicht einmal ahnden darf ich lassen, was mich zur Bewunderung hinriss,
nicht <u>einen</u> von allen Gedanken darf ich mitteilen, die mir die Seele füllen."
(II 497,33)

Die Erhabenheit und Grösse eines mathematischen Lehrsatzes erfüllt
Kleists Seele. Er hat das Bedürfnis, diesen Eindruck in der Gesellschaft mitzuteilen. Doch wieder fürchtet er, nicht verstanden zu werden. Das Hindernis liegt hier
nicht darin, dass die Mitteilung eine Absicht ist, die nicht gebilligt wird, sondern
dass sie einem Bereich entstammt, zu dem die Gesellschaft keinen Zugang hat.

Eine Mitteilung kann nur dann verstanden werden, wenn derjenige, der sie
hört, einen ähnlichen Erfahrungsbereich wie derjenige hat, der die Mitteilung
macht. Freilich wäre es möglich, dem Zuhörer einfach alles zu erklären, was er
wissen muss, um zu verstehen. Das wäre etwa nötig, wenn Kleist mit jemandem
über einen Roman sprechen wollte, der diesen Roman nicht kennt. Aber im Bereich
der Mathematik wäre dies nur unter schwierigsten Umständen durchzuführen, denn
er zeichnet sich dadurch aus, dass in ihm Begriffe gebraucht werden, die genau
definiert sind und so in der alltäglichen Sprache nicht vorkommen.

In diesem Fall liegt der Grund dazu, dass Kleist sich nicht frei mitteilen
kann, darin, dass der mitzuteilende Gegenstand nur Fachleuten bekannt ist und
dass die Sprache, in der einzig über ihn gesprochen werden kann, eine Fachspra-
che ist.

3. Briefe an Wilhelmine von Zenge, Anfang 1800 bis Januar 1801

Bei dieser Gruppe von Briefen Kleists an seine Braut Wilhelmine besprechen wir das Liebeswort "Ich liebe dich" unter verschiedenen Gesichtspunkten.

Wir haben bereits gesehen, dass Kleist ein starkes Bedürfnis hat, das,
was ihn bewegt, auch auszusprechen, und dass er darunter leidet, wenn er sich
nicht mitteilen kann.

Davon spricht Kleist auch in dem Brief von Anfang 1800, dem wir uns zuerst zuwenden:

"Vor Ihnen zu stehen, und nicht sprechen zu dürfen, weil _andere_ diese Sprache nicht hören sollen, Ihre Hand in der meinigen zu halten und _nicht sprechen_ zu dürfen, weil ich mich _diese Sprache_ gegen _Sie_ nicht erlauben will, ist eine Qual, die ich aufheben will und muss. Ich will es daher erfahren, ob ich Sie _mit Recht_ lieben darf, oder gar nicht." (II 500, 22)

Hier ist es eine gesellschaftliche Konvention, die Kleist daran hindert, sich auszusprechen. Er will den Misstand dadurch aufheben, dass er um Wilhelmines Hand anhält.

Kleist will aber nicht nur selbst sprechen dürfen, sondern er sehnt sich auch danach, dass Wilhelmine ihm ihre Liebe zeige:

"Sagen Sie es mir, wenn Sie mich lieben - denn warum wollten Sie sich dessen schämen? _Bin ich nicht ein edler Mensch_, Wilhelmine?" (II 502, 16)

Trotzdem hält er aber das Geständnis der Liebe nur für einen Anfang:

"Ich glaube, dass ich entzückt sein werde, und dass Sie mir einen Augenblick, voll der üppigsten und innigsten Freude bereiten werden, wenn Ihre Hand sich entschliessen könnte, diese drei Wort niederzuschreiben: _ich liebe Dich_.
Ja, Wilhelmine, sagen Sie mir diese drei herrlichen Worte; sie sollen für die ganze Dauer meines künftigen Lebens gelten. Sagen Sie sie mir _einmal_ und lassen Sie uns dann bald dahin kommen, dass wir nicht mehr nötig haben, sie uns zu wiederholen. Denn nicht durch Worte aber durch Handlungen zeigt sich _wahre Treue_ und _wahre Liebe_." (II 502, 23)

Da Kleist nicht sicher ist, ob Wilhelmine ihn liebt, möchte er, dass sie ihm ihre Liebe gesteht. Diese Stufe ist durch Kleists ängstliches Bemühen um Wilhelmines Liebeswort gekennzeichnet. Sie soll aber überwunden werden. Wenn die beiden Liebenden sich ihrer Liebe gewiss sind, müssen sie sich nicht mehr durch Worte bestätigen, dass sie sich lieben. Weshalb aber zeigt sich wahre Liebe nicht durch Worte, sondern durch Handlungen? Der Satz ist wohl so zu verstehen, dass die Worte zwar sehr wohl Ausdruck wahrer Liebe sein können; aber sie können auch nur rasch hingesprochen und nicht Ausdruck eines innigen Gefühls sein. Diese Gefahr besteht bei den Handlungen weniger. Deshalb sind sie für Kleist der zuverlässigere Ausdruck wahrer Liebe.

Dem Brief vom 31. Januar 1801 entnehmen wir, dass Wilhelmine Kleist ihre Gefühle für ihn mitgeteilt hat. Aber Kleist ist darüber nur halbwegs erfreut:

"Besonders der Blick, den Du mir diesmal in Dein Herz voll Liebe hast werfen lassen, hat mir unaussprechliche Freude gewährt - obschon das Ganze, um mir Vertrauen zu der Wahrheit Deiner Neigung einzuflössen, eigentlich nicht nötig war. Wenn Du mich nicht liebtest, so müsstest Du verachtungswürdig sein und ich, wenn ich es von Dir nicht glaubte. Ich habe Dir schon einmal gesagt, warum? - Also dieses ist ein für allemal abgetan. Wir lieben uns, hoffe ich, herzlich und innig genug, um es uns nicht mehr sagen zu dürfen, und die Geschichte unsrer Liebe macht alle Versicherungen durch Worte unnötig." (II 617, 37)

Wir wissen nicht, wie oft Wilhe[...] gesprochen hat. Jedenfalls hat Kleist d[...] ten, einander die Liebe zu bestätigen. [...] Versicherung.

Aber ist das, was Wilhelmine sa[...] Ungewisses als gewiss erklärt? Wenn es [...] rechtfertigt. Aber Wilhelmine meint ihre [...] Die Worte sind für sie einfach Ausdruck i[...] mitteilt. Kleist missversteht Wilhelmine u[...] sung. Die Einsicht, dass wahre Liebende e[...] Liebe zu versichern, verführt Kleist dazu, [...] wort "Ich liebe dich" überhaupt _nicht_ mehr [...]

Dieses Verbot steht in merkwürdige[...] Bitten, Wilhelmine solle ihm doch schreiben [...] eigenen Bedürfnis, alles, was ihn bewegt, se[...] diesem Widerspruch? Wir können es uns nur [...] einen leichten Zweifel an der Liebe zwischen [...] aber nicht eingesteht, weshalb er alles abwehr[...] So sieht Kleist überall nur Zweifel, den er abw[...] stande, Wilhelmines Worte so zu hören, wie si[...]

Im Brief vom 20. August 1800 stellt Kle[...] änderung unterliegt, wenn er es mitteilen will:

"Aber das Ganze ist ein Brief geworden, [...] mir selbst und durch mich selbst mitteile [...] es ist mein Herz. Du willst aber schwarz [...] Dir denn mein Herz so gut ich kann auf die [...] aber nie vergessen musst, dass es blosse [...] nie erreicht, nie erreichen kann." (II 522, [...]

An dieser Stelle ist vieles angetönt, was Kle[...] tert. Wir verzichten deshalb noch auf eine Bespre[...] bindungslinien zu den im folgenden zu besprechender[...]

Die Frage nach der Möglichkeit der Mitteilun[...] vom 5. Februar 1801 zur Sprache, wo Kleist davon s[...] mit der Sprache malen können sollte. Im Brief vom 1[...] ebenfalls an Ulrike gerichtet ist, erwähnt Kleist wiede[...] das gemalte, sondern - in wilder Steigerung - das her[...]

4. Brief an Ulrike von Kleist, 5. Februar 1801

Kleist lebt in Berlin, Ulrike in Werben. Er hätte [...] lich mitgeteilt. Dazu ist es aber nicht gekommen, weil U[...] reiste, wie er insgeheim gehofft hatte, und weil er selbst [...] Werben zu fahren, nicht ergriffen hatte.

Das erfahren wir im ersten und zu Beginn des zwe[...] Briefes. Dann fährt Kleist fort:

die sowohl im Bereich der Qualität als auch im Bereich der Quantität ein Aeusser-
stes leistet. Dieses Aeusserste der Mitteilung erklärt Kleist für unmöglich. Dass
diese Unmöglichkeit beklagt wird, zeigt, dass dieses unmögliche Aeusserste
eigentlich notwendig wäre. Die beiden Lesarten unseres Satzes erweisen sich als
zwei Aspekte einer Forderung, die Kleist an die Sprache stellt, und die sie nicht
erfüllen kann.

Bis jetzt hat Kleist die Unmöglichkeit der Mitteilung nur behauptet. Nun erklärt er sie auch:

"... und wenn es auch kein weiteres Hindernis gäbe, als dieses, dass es
uns an einem Mittel zur Mitteilung fehlt. Selbst das einzige, das wir besitzen, die Sprache taugt nicht dazu ..." (II 626, 16)

Es mag andere Hindernisse geben, die es verunmöglichen, alles mitzuteilen, aber dass es sie gibt und wie sie beschaffen sind, ist ganz belanglos, denn das
grösste Hindernis ist dieses, dass wir kein Mittel zur Mitteilung haben. Es gibt
dieses Mittel nicht - trotzdem besitzen wir eines (die Sprache), aber es taugt nicht
als Mittel zur Mitteilung. Diese Widersprüche lösen sich auf, sobald wir eine gewöhnliche und eine streng aufgefasste Mitteilung unterscheiden. Die Sprache ist
das Mittel der gewöhnlichen Mitteilung. Es ist deshalb möglich, sich mit der Sprache auf gewöhnliche Weise mitzuteilen. Die totale Mitteilung aber ist nicht möglich,
und zwar, weil es kein Mittel dazu gibt (A 4). Auch die Sprache, die dazu noch am
ehesten in Frage käme, ermöglicht die totale Mitteilung nicht, sie ist auf die gewöhnliche Mitteilung beschränkt.

Diese Beschränktheit der Sprache ist, von der Forderung her, dass sie
auch Mittel der totalen Mitteilung sein sollte, eine Untauglichkeit:

"... die Sprache taugt nicht dazu, sie kann die Seele nicht malen, und was
sie uns gibt sind nur zerrissene Bruchstücke." (II 626, 18)

Die Untauglichkeit der Sprache hat zwei Gründe: Den einen verstehen wir
sogleich: Die Sprache gibt nur Bruchstücke, sie teilt nicht alles mit. Die Quantität
ist deshalb nicht in so hohem Mass, wie es gefordert wird, vorhanden, weil das
Mittel dazu diese Forderung nicht erfüllen kann. Der zweite Grund besteht darin,
dass die Sprache die Seele nicht malen kann. Offenbar wäre totale Mitteilung dann
möglich, wenn das Mittel dazu die Seele malen könnte. Wie müssen wir den bildli-
chen Ausdruck "die Seele malen" verstehen? Wir bringen ihn in Zusammenhang
mit dem vorhin besprochenen qualitativen Aspekt der Mitteilung. "Malen" heisst
dann: so mitteilen, dass die Qualität in so hohem Mass, wie es gefordert wird,
vorhanden ist. Solches "Malen" ist aber nicht möglich, weil das Mittel dazu diese
Forderung nicht erfüllen kann.

Wir sehen somit, dass die beiden Lesarten des Satzes "Es ist unmöglich,
alles mitzuteilen" in der doppelten Erklärung der Untauglichkeit der Sprache als
Mittel zur totalen Mitteilung ihre Entsprechung haben.

Kleist versteht die Sprache als Mittel zur Mitteilung. Dabei gibt es einen
ausgezeichneten Gegenstand der Mitteilung, nämlich das Innere des Menschen.
Von ihm her wird die Forderung an die Sprache gestellt, und von dieser Forderung
her erweist sich die Sprache als untauglich. Die Sprache ist das Mittel, mit dem
sich der Mensch nur auf gewöhnliche Weise mitteilen kann. Der Mensch teilt (sich)
mit.

Wir haben aber soeben gesagt: Die Sprache teilt mit. Wir haben damit aber nicht eine Unachtsamkeit begangen, sondern sind Kleists eigenen Worten gefolgt. Wir lesen sie deshalb erneut und richten unsere Aufmerksamkeit nun nicht mehr auf die Untauglichkeit der Sprache, sondern auf die Tätigkeit der Sprache:

"... die Sprache ... kann die Seele nicht malen, und was sie uns gibt sind nur zerrissene Bruchstücke." (II 626, 18)

Die Sprache gibt zwar nur zerrissene Bruchstücke, aber immerhin: Die Sprache gibt. Wenn wir annehmen, dass das Wort "malen" nicht nur für die geforderte totale Mitteilung gilt, sondern dass man auch von einem schlechten Malen sprechen kann, dürfen wir vielleicht auch sagen: Die Sprache malt zwar schlecht, aber trotzdem: Die Sprache malt.

Kleist spricht der Sprache Tätigkeit zu. Wenn wir diese Art zu sprechen nicht als blosse Metapher, und damit die Tätigkeit der Sprache als ihre eigene Selbsttätigkeit und nicht als bloss von der Tätigkeit des Menschen auf die Sprache hinübergetragene auffassen, dann müssen wir sagen: Die Sprache ist es, die malt und gibt (und nicht der Mensch).

Da ein solches Verständnis dieses Satzes weit von Kleists eigenem Verständnis der Sprache wegführt, wollen wir nicht weiter darauf eingehen (A 5).

Kleist hat erklärt, weshalb es nicht möglich ist, alles mitzuteilen. Von diesem beschriebenen allgemeinen Sachverhalt her versteht er auch seine persönliche Schwierigkeit:

"Daher habe ich jedesmal eine Empfindung, wie ein Grauen, wenn ich jemandem mein Innerstes aufdecken soll; nicht eben weil es sich vor der Blösse scheut, aber weil ich ihm nicht alles zeigen kann, nicht kann, und daher fürchten muss, aus den Bruchstücken falsch verstanden zu werden." (II 626, 20)

Kleist hat zuerst allgemein von der Unmöglichkeit der Mitteilung gesprochen und leitet nun mit dem "daher" seine persönliche Schwierigkeit daraus ab. Damit erscheint das Unvermögen nicht als ein persönliches Versagen, sondern als durch die allgemeine Unmöglichkeit der Mitteilung bedingt. Neu erfahren wir auch, dass die Unmöglichkeit der Mitteilung mit der Gefahr des Missverstehens in Zusammenhang steht: Weil die Mitteilung nicht total ist, besteht die Gefahr des Missverständnisses.

"Indessen: auf diese Gefahr will ich es bei Dir wagen und Dir so gut ich kann, in zerrissenen Gedanken mitteilen, was Interesse für Dich haben könnte." (II 626, 24)

Kleist hat sich zu Recht des Interesses Ulrikes vergewissert (V 24), denn sie bringt Kleist viel Vertrauen und Anteilnahme entgegen. Das geht auch aus dem ersten Abschnitt unseres Briefes hervor:

"Nie denke ich anders an Dich, als mit Stolz und Freude, denn Du bist die einzige, oder überhaupt der einzige Mensch, von dem ich sagen kann, dass er mich ganz ohne ein eignes Interesse, ganz ohne eigne Absichten, kurz, dass er nur mich selbst liebt." (II 625, 21)

Kleist findet sich also deshalb mit der allgemeinen Gefahr des Missverstehens ab, weil das Vertrauensverhältnis zwischen ihm und Ulrike diese Gefahr bis zu einem gewissen Grade bannt.

Im dritten Abschnitt des Briefes berichtet Kleist, dass es ihm Schwierigkeiten bereite, sich für ein Amt zu entscheiden. Zwar will er tun, was recht ist, aber er weiss nicht, was recht ist. Er nimmt auch die Klage über sein Innerstes wieder auf, sagt jetzt aber deutlicher, woran er leidet:

"Ach Du weisst nicht, Ulrike, wie mein Innerstes oft erschüttert ist -- Du verstehst dies doch nicht falsch? Ach, es gibt kein Mittel, sich andern ganz verständlich zu machen, und der Mensch hat von Natur keinen andren Vertrauten, als sich selbst." (II 627, 4)

Wenn man sich mitteilen könnte, würde man sich verständlich machen. Da man sich aber nicht ganz mitteilen kann, kann man sich auch nicht ganz verständlich machen und somit auch nicht ganz verstanden werden. Nur wer ganz verstanden wird, ist ein wirklich Vertrauter. Ganzes Verstehen und Vertrautsein gibt es aber nur sich selbst gegenüber. Deshalb ist der Mensch grundsätzlich einsam. Unter den Menschen verstehen sich diejenigen, die einander vertrauen, am besten. Sie sind deshalb die Vertrautesten.

Der vierte Abschnitt des Briefes berichtet von einer "äusserst widerlichen Empfindung" (II 627, 13) während einer Session. Kleist wohnt den Sessionen nur noch bei, weil er nicht weiss, wie er sich "davon losmachen soll, ohne zu beleidigen" (II 627, 15). Während Kleist sich in dieser unangenehmen Lage befindet, wird ihm der Vorschlag gemacht, ein dickes Buch über Mechanik zu studieren und der Deputation darüber Bericht zu erstatten.

"Was in diesem Augenblicke alles in meiner Seele vorging kann ich Dir wieder nicht beschreiben. Ein solches Buch kostet wenigstens 1 Jahr Studium, ist neu, folglich sein Wert noch gar nicht entschieden, würde meinen ganzen Studienplan stören etc. etc. Ich hatte aber zum erstenmal in 2 Jahren wieder einen Obern vor mir und wusste in der Verlegenheit nichts zu tun, als mit dem Kopfe zu nicken. Das ärgerte mich aber nachher doppelt, ich erinnerte mich mit Freuden, dass ich noch frei war, und beschloss das Buch ungelesen zu lassen, es folge daraus, was da wolle. - Ich muss fürchten, dass auch dieses missverstanden wird, weil ich wieder nicht alles sagen konnte." (II 627, 29)

Kleist hatte einen Grund, weshalb er diesen Auftrag nicht übernehmen wollte. Ob er dies allerdings schon vor seinem verhängnisvollen Kopfnicken klar wusste, oder ob sein Denken durch den Druck der Erwartung, die man an ihn stellte, ausgeschaltet wurde, ist nicht mit Gewissheit auszumachen. Es scheint jedenfalls, dass der Widerstreit zwischen der eigenen Absicht und der Erwartung der Deputation in Kleist eine Lähmung hervorrief, während der er weder denken noch sprechen konnte. Erst Kleists Kopfnicken löste die Lähmung, und erst jetzt erfasste er, dass er einer Aufgabe zugestimmt hatte, die er eigentlich nicht übernehmen wollte. Das Kopfnicken zeigt, dass Kleist dem Druck des "Obern" erlag. Seine eigene Auffassung konnte er nicht durchsetzen (A 6).

Die Zustimmung wurde nicht sprachlich, sondern mit einer Geste ausgedrückt, weil sie gegen Kleists eigenen Willen und unter einem Zwang geschah. Denn eine Geste, die weniger Geistesgegenwart als eine sprachliche Aeusserung beansprucht, kann eher als diese unkontrolliert geschehen.

Kleist will den Auftrag also nicht erfüllen. Er unterlässt es aber auch, nachträglich noch mitzuteilen, dass ihm mit dem Nicken ein Missgeschick geschehen sei und dass er das Buch nicht studieren wolle. Kleist hat seine Meinung in der Verwirrung der schwierigen Lage nicht durchsetzen können. Aber auch nachher hat er den Mut nicht gehabt, seinen Irrtum zuzugeben und seine wirkliche Absicht bekanntzugeben.

Kleist fürchtet, dass sein Verhalten "missverstanden" wird. Worin könnte das Missverständnis bestehen? Es ist anzunehmen, dass die Vorgesetzten Kleists Verhalten sehr wohl als das verstehen, was es ist. Denn das "Missverständnis" besteht nicht zwischen Kleists Verhalten und seinen Vorgesetzten, sondern zwischen Kleists eigener Auffassung und seinem Verhalten. Da Kleist nicht seine eigene Meinung, sondern (in einer Zwangslage) das Gegenteil davon kundgibt, ist es ganz klar, dass seine eigene Meinung nicht aufgenommen, also "missverstanden" wird.

Wir lesen auch Kleists Begründung des "Missverstehens" mit Vorsicht. Sie lautet: "... weil ich wieder nicht alles sagen konnte" (II 628, 1). Wir halten zunächst fest, dass das Nicht-sagen-können hier ein persönliches Versagen Kleists ist, das mit der allgemeinen Beschaffenheit der Sprache direkt nichts zu tun hat.

Kleist sagt, er habe <u>wieder</u> nicht alles sagen können. Er sagt auch, er habe <u>wieder</u> nicht beschreiben können, was in seiner Seele vorging (II 627, 29). Das weist darauf hin, dass ein solches Versagen bei Kleist oft vorkam. Mit dem "wieder" schliesst Kleist sein hier geschildertes Versagen aber auch an die allgemeinen Aussagen über die Möglichkeit der Mitteilung an.

Wir müssen uns nun fragen, wie sich die allgemeinen Aussagen Kleists über die Unmöglichkeit der Mitteilung zum Versagen der Sprache, wie wir es in seinem persönlichen Umgang mit der Sprache antreffen, verhalten.

Kleist spricht in seinem Brief zuerst allgemein von der Mitteilung. Dann berichtet er von seiner eigenen Erfahrung der Schwierigkeit, sich verständlich zu machen. Beides geschieht in der Form der Klage, dass Mitteilung nicht möglich sei. Der Grund dieser Unmöglichkeit liegt nach Kleist in der Beschaffenheit des Mittels zur Mitteilung, in der Sprache. An dritter Stelle spricht Kleist nun von einem Erlebnis, bei dem er nicht sprechen konnte. Da der Grund dazu nicht bei der Sprache selbst liegt und Kleist dieses Erlebnis ausdrücklich an die allgemeinen Erörterungen über die Mitteilung anschliesst, stellen sich einige Fragen:

Weshalb spricht Kleist zuerst allgemein von der Mitteilung und erzählt erst nachher die Begebenheit in der Session? Sind die Aussagen, die wir als allgemeine verstanden haben, wirklich so gemeint (oder ist "unmöglich" jeweils als "mir unmöglich" zu verstehen)? Sind die allgemeinen Aussagen vom persönlichen Erlebnis des Sprachversagens her bestimmt? Und wenn es so wäre: Könnten die "allgemeinen" Aussagen Kleists dann noch etwas auch für uns Gültiges über die Sprache aussagen, oder müssten wir sie bloss als Ausdruck von Kleists Lebensgefühl verstehen?

Wir lassen diese Fragen hier offen und merken uns nur, dass wir die allgemeinen und die besonderen Aussagen Kleists sorgfältig gegeneinander abwägen müssen.

5. Briefe an Wilhelmine von Zenge, Mai 1801 bis August 1801

Wir wählen aus einer Gruppe von drei Briefen an Wilhelmine einige Stellen aus, die Kleists Freuden und Leiden beim Schreiben der Briefe zeigen.

Wir haben gehört, dass Kleist im Brief vom 12. November 1799 sagt, dass es ihm ein Vergnügen sei, diesen Brief an Ulrike zu schreiben (V 20). Doch es ist nicht immer so.

Im Brief vom 21. Mai 1801 an Wilhelmine beklagt sich Kleist darüber, dass er von ihr schon lange keine Nachricht mehr erhalten hat. Er fürchtet, dass dies geschehen ist, weil auch er ihr in der letzten Zeit nur wenige Zeilen schrieb. Nun erklärt er sein Verhalten:

"Sonst, ja sonst war es meine Freude, mir selbst oder Dir mein Herz zu öffnen, und meine Gedanken und Gefühle dem Papier anzuvertrauen; aber das ist nicht mehr so - Ich habe selbst mein eignes Tagebuch vernachlässigt, weil mich vor allem Schreiben ekelt. Sonst waren die Augenblicke, wo ich mich meiner selbst bewusst ward, meine schönsten - jetzt muss ich sie vermeiden, weil ich mich und meine Lage fast nicht ohne Schaudern denken kann - Doch nichts in diesem Tone. Auch dieses war ein Grund, warum ich Dir so selten schrieb, weil ich voraussah, dass ich Dir doch nichts von mir schreiben könnte, was Dir Freude machen würde. In den letzten Tagen meines Aufenthaltes in Dresden hatte ich schon einen Brief an Dich bis zur Hälfte vollendet, als ich einsah, dass es besser war, ihn ganz zurückzuhalten, weil er Dir doch nichts, als Kummer gewährt haben würde. Ach, warum kann ich dem Wesen, das ich glücklich machen sollte, nichts gewähren, als Tränen? Warum bin ich, wie Tankred, verdammt, das, was ich liebe, mit jeder Handlung zu verletzen? - Doch davon lass mich ein für allemal schweigen. Das Bewusstsein Dich durch meine Briefe, statt zu erfreuen, zu betrügen, macht sie mir selbst so verhasst, dass ich bei diesen letzten Zeilen schon halb und halb willens war, auch dieses Schreiben zu zerreissen - Doch eines muss vollendet werden - und ich will Dir darum nur kürzlich die Geschichte meines Aufenthaltes in Dresden mitteilen, die Dich nicht betrüben wird, wenn ich Dir bloss erzähle, was ich sah und hörte, nicht was ich dachte und empfand." (II 649, 35)

Beim Schreiben wird Kleist sein Inneres bewusst. Sonst, wenn es ihm gut ging, freute er sich, sein Inneres seinem Tagebuch oder seiner Freundin in einem Brief anzuvertrauen. Jetzt aber schaudert ihn, wenn er an seine Lage denkt. Da er dies vermeiden will, schreibt er nicht mehr. Der erste Grund dafür, dass Kleist sein Herz nicht öffnet, seine Gefühle und Gedanken nicht mitteilt, liegt darin, dass er selbst vor dem, was er schreiben müsste, zurückschreckt.

Der zweite Grund besteht darin, dass er sich verpflichtet fühlt, Wilhelmine etwas Erfreuliches mitzuteilen. Zweimal bricht er eine Andeutung, die zeigt, wie

schlecht es ihm geht, ab. ("Doch nichts in diesem Tone." "Doch davon lass mich
ein für allemal schweigen.") Obschon Kleist sagt, dass er sein Leid nicht klagen
könne, drängt es ihn zur Mitteilung, die er sich selbst aber verbietet. Der Widerstreit zwischen dem, was Kleist in seiner schlimmen Lage schreiben möchte und
dem, was er von sich verlangt, ist auch der Grund dazu, dass er frühere Versuche,
Wilhelmine zu schreiben, nicht ausgeführt hat. Offenbar waren diese Briefe zu
starker Ausdruck seines verwirrten Gefühls und genügten deshalb seiner Forderung
nicht. Die Forderung setzt sich erst in dem vorliegenden Brief durch. Das zeigt
sich einmal darin, dass Kleist sich selbst zweimal zurechtweist und dann im Entschluss, nicht zu schreiben, was er "dachte und empfand", sondern nur, was er
"sah und hörte". Damit wendet er sich fast gewaltsam von seinem Inneren weg und
der Geschichte seines Aufenthaltes in Dresden zu. Wir sehen erneut, dass die Mitteilung nur dann erschwert ist, wenn ihr Gegenstand das Innere, nicht aber, wenn
das Mitzuteilende etwas anderes ist. Und wenn das Innere der Gegenstand der Mitteilung ist, ist sie wiederum nur dann erschwert, wenn das Innere verwirrt, nicht
aber, wenn es klar ist (A 7).

Im nächsten Brief (Göttingen, 3. Juni 1801) bestätigt Kleist Wilhelmine,
dass er von ihr inzwischen einen Brief erhalten hat, der ihn sehr erfreute, und fährt
dann fort:

> "Du bist nicht zufrieden, dass ich Dir das Aeussere meiner Lage beschreibe,
> ich soll Dir auch etwas aus meinem Innern mitteilen? Ach, liebe Wilhelmine,
> leicht ist das, wenn alles in der Seele klar und hell ist, wenn man nur in sich
> selbst zu blicken braucht, um deutlich darin zu lesen. Aber wo Gedanken mit
> Gedanken, Gefühle mit Gefühlen kämpfen, da ist es schwer zu nennen, was
> in der Seele herrscht, weil noch der Sieg unentschieden ist. Alles liegt in
> mir verworren, wie die Wergfasern im Spinnrocken, durcheinander, und
> ich bin vergebens bemüht mit der Hand des Verstandes den Faden der Wahr-
> heit, den das Rad der Erfahrung hinaus ziehen soll, um die Spule des Ge-
> dächtnisses zu ordnen." (II 654, 5)

Da Wilhelmine Kleist auffordert, von seinem Inneren zu schreiben, auch
wenn es nicht erfreulich ist, spricht er nun deutlicher vom Zustand seines Gemüts.
Kleist steht vor der Entscheidung und wird von den verschiedenen Argumenten für
diese oder jene Entscheidung hin- und hergerissen. Alles ist noch offen, er kann
sich noch nicht für etwas Bestimmtes entscheiden:

> "Sei zufrieden mit diesen wenigen Zügen aus meinem Innern. Es ist darin
> so wenig bestimmt, dass ich mich fürchten muss etwas aufzuschreiben,
> weil es dadurch in gewisser Art bestimmt _wird_." (II 654, 37)

So wie das Schreiben etwas bewusst macht (V 18), legt es auch fest. Kleist
will die Möglichkeiten, die er in Erwägung zieht, nicht mitteilen, da er die Gefahr
sieht, dass sie nicht als blosse Möglichkeiten, sondern als Absicht verstanden
werden und eine Entscheidung erschweren könnten.

Nach einiger Zeit hat sich Kleists Gemüt wieder beruhigt. Das zeigt eine
Stelle aus seinem Brief vom 15. August 1801:

> "Du willst, ich soll Dir etwas von meiner Seele mitteilen? Mein liebes
> Mädchen, wie gern tue ich das, wenn ich hoffen kann, dass es Dich er-

freuen wird. Ja, seit einigen Wochen scheint es mir, als hätte sich der Sturm ein wenig gelegt ..." (II 680, 38)

Wir stellen fest, dass Kleist bald gern, bald ungern schrieb, und dass diese Schwankungen aufs engste mit den Schwankungen des Zustandes seines Innern zusammenhingen. Wir verzichten darauf, zu fragen, welche Anlässe und Lebensumstände jeweils Kleists Gemüt verwirrten oder zuversichtlich stimmten, und halten nur fest, dass Kleists Verhältnis zur Sprache, wie es sich in den Briefen zeigt, nicht von einer einzigen bestimmten Aeusserung, sondern nur von diesem Hin- und Herschwanken aus richtig verstanden werden kann.

6. Brief an Ulrike von Kleist, 13. (und 14.) März 1803

Im Brief vom 5. Februar 1801 an Ulrike beschäftigte Kleist die Frage nach der Möglichkeit der Mitteilung. Diese Frage nimmt Kleist am 13. (und 14.) März 1801 in einem Brief, der wiederum an Ulrike gerichtet ist, nochmals auf. Mit den zuletzt besprochenen Briefen an Wilhelmine hat dieser nun vorliegende die von Kleist an sich selbst gestellte Forderung gemein, dass seine Briefe den Empfängern Freude bereiten sollen:

"Und Dich begleitet auf allen Schritten Freude auf meinen nächsten Brief? O du Vortreffliche! Und o du Unglückliche! Wann werde ich den Brief schreiben, der Dir so viele Freude macht, als ich Dir schuldig bin? - Ich weiss nicht, was ich Dir über mich unaussprechlichen Menschen sagen soll. - Ich wollte ich könnte mir das Herz aus dem Leibe reissen, in diesen Brief packen, und Dir zuschicken. - Dummer Gedanke!" (II 729, 32)

Kleist bezeichnet sich als unaussprechlichen Menschen. Das heisst: Er kann sich, sein Herz, nicht aussprechen. Das Herz gehört zum Inneren oder ist sogar dieses selbst (A 8). Das Herz soll mitgeteilt werden. Aber das Herz ist unaussprechlich, es kann nicht Sprache werden. Die Sprache ist zwar Mittel zur gewöhnlichen Mitteilung, taugt aber nicht zur Mitteilung des Herzens, wie wir gesehen haben (V 25). Sollte es eine Mitteilung geben, die nicht auf ein Mittel angewiesen ist? Diese Vermutung führt Kleist auf den Gedanken, man könnte sich vielleicht das Herz herausnehmen und direkt zuschicken. Der Gedanke führt dazu, dass an die Stelle des "inneren" Herzens das leibliche Herz tritt. Wenn dieses herausgerissen wird, ist der Tod unvermeidlich. Die Unmöglichkeit, das "innere" Herz direkt, ohne Mittel mitzuteilen, wird also zwiefach ausgedrückt: Einmal dadurch, dass das leibliche Herz an die Stelle des "inneren" tritt und dann dadurch, dass derjenige, der das leibliche Herz weggibt, unweigerlich sterben muss. Mitteilung des Inneren bleibt also auf ein Mittel angewiesen.

Wir fragen nun noch: Weshalb kann sich Kleist nicht aussprechen? Wir sehen die Aussage Kleists, er sei ein unaussprechlicher Mensch, im Zusammenhang mit den vielen Klagen über die Mitteilung und das Briefschreiben (V 25). Deshalb dürfen wir sagen, dass Kleist in einem strengen Sinn wirklich ein unaussprechlicher Mensch ist. Das ist so, weil die totale Mitteilung nicht möglich ist. Das gilt aber für alle Menschen. Kleist ist also ein unaussprechlicher Mensch, weil die Unaussprechlichkeit (im strengen Sinn) zum Menschen gehört.

Wenn wir die Unaussprechlichkeit dagegen in einem weniger strengen Sinn verstehen, müssen wir sagen, dass Kleist nur zu gewissen Zeiten ein unaussprechlicher Mensch ist. Dabei ist die Aussprechbarkeit oder Mitteilbarkeit gleich wie die Freude am Briefschreiben (V 31) vom Zustand des Inneren, das ausgesprochen oder mitgeteilt werden soll, abhängig.

Wie die Mitteilung nur in einem strengen Sinn überhaupt nicht möglich ist und in einem weniger strengen Sinn nur zeitweise unmöglich ist, so ist Kleist auch nur in einem strengen Sinn immer, in einem weniger strengen Sinn aber nur zeitweise ein unaussprechlicher Mensch.

C. AUS DEN AUFSAETZEN

Die Aufsätze, die wir besprechen, folgen nicht nur in unserer Kapiteleinteilung auf die Briefe, sondern sie stehen auch ihrem Inhalt und ihrer Form nach den Briefen sehr nahe. Ein Bezug zur Dichtung kann darin gesehen werden, dass sich Kleist im zweiten besprochenen Aufsatz einen Gesprächspartner frei erfindet. Ueberhaupt müssen wir uns bei den Aufsätzen wiederum wie bei den Briefen die Frage stellen, welchen Aussagewert (ob bloss persönlichen oder allgemeinen, oder vielleicht beides zusammen) Kleists Aussagen haben (V 29).

Zur Besprechung wählen wir zwei Aufsätze, die zwar die Sprache nicht eigens zum Thema haben, uns aber trotzdem Auskunft darüber geben, wie Kleist über die Sprache dachte (1. Ueber die allmähliche Verfertigung der Gedanken beim Reden / 2. Brief eines Dichters an einen anderen).

1. Ueber die allmähliche Verfertigung der Gedanken beim Reden

Diese Schrift Kleists ist halb Brief, halb Aufsatz. Aufsatz deshalb, weil sie einen Titel trägt und keine Anrede hat, Brief dagegen deshalb, weil der Empfänger genannt ist und der Verfasser Kleist mit seinen Initialen unterschreibt.

Der Brief ist an Rühle von Lilienstern gerichtet. Ueber ihn äussert sich Kleist zu der Zeit, da der Aufsatz entstanden ist (A 9), in dem Brief an Pfuel vom Juli 1805:

"Rühle ist in der Tat ein trefflicher Junge! Er hat mir einen Aufsatz geschickt, in welchem sich eine ganz <u>schöne</u> Natur ausgesprochen hat. Mit Verstand gearbeitet, aber so viel Empfindung darin, als Verstand. Und aus einem Stück einer Uebersetzung des Racine sehe ich, dass er die Sprache (sie ist in Jamben geschrieben) völlig in seiner Gewalt hat. Er kann, wie ein echter Redekünstler, sagen, was er will, ja er hat die ganze Finesse, die den Dichter ausmacht, und kann auch das sagen, was er <u>nicht</u> sagt." (II 757, 20)

Rühle hat die Sprache völlig in seiner Gewalt, er kann über sie verfügen, sie steht ihm zur Verfügung, ohne Schwierigkeiten zu bereiten. Er kann sagen, was er will, was ihn als Redekünstler, als Könner, kennzeichnet. Doch er ist nicht nur Könner, sondern auch Dichter, denn er hat Finesse. Dabei betont Kleist, dass Rühle auch das sagen könne, was er nicht sagt. Die paradoxe Aussage spielt mit zwei Arten des Sagens: Rühle kann indirekt und andeutend sagen, was er nicht direkt und wörtlich sagt. Kleist kann dies nur feststellen, weil er selbst diese beiden Arten des Sagens kennt.

Kleist weiss also, dass Rühle sich mit der Sprache beschäftigt. Er kann deshalb annehmen, dass seine Ausführungen beim Leser auf Interesse stossen und darf auch hoffen, dass ihn der Leser versteht. Wie wichtig beides für Kleist ist, haben wir bereits bei der Besprechung der Briefe festgestellt (V 26).

Nach diesen Vorbemerkungen wenden wir uns nun dem Aufsatz selbst zu. Kleist denkt hier nicht direkt über die Sprache nach, sondern über die Gedanken, wie es der Titel anzeigt. Die Sprache steht nur insofern im Blick, als die Gedanken mit der Sprache verbunden sind.

Der Aufsatz hat zwei Themen.

a. Das erste Thema

Meditation oder Brüten sind Möglichkeiten, etwas herauszufinden. Zu welchem Mittel man in einem Fall, da diese nicht zum Ziel führen, greifen kann, rät Kleist seinem Freund gleich zu Beginn des Briefes: "mit dem nächsten Bekannten, der dir aufstösst, darüber zu sprechen" (II 319, 6).

Dieser Rat steht im Gegensatz zu einem anderen Rat, den die Lehrer den Schülern schon damals gegeben haben dürften: Man solle zuerst denken, und erst dann sprechen. Kleist zeigt nun, dass "beide Klugheitsregeln vielleicht gut neben einander bestehen" können (II 319, 15). Kleist ist sogar sicher, dass es so ist. Das "vielleicht" ist nur ein Höflichkeitsausdruck. Es handelt sich nämlich um zwei verschiedene Fälle. Der Rat der Lehrer setzt voraus, dass etwas gewusst, verstanden ist. Wie man dazu kommt, darum kümmert sich dieser Rat nicht. Er gibt nur an, wie man einen anderen von der Richtigkeit eines Gedankens überzeugen kann.

Kleists Rat nun betrifft etwas anderes: Der Sprecher will nicht einen andern belehren, sondern es geht darum, wie der Sprecher selbst überhaupt zu Wissen gelangt. Der Gesprächspartner hat dann die Aufgabe, den Sprecher zu erregen, damit dieser unter einem Zwang den Gedanken verfertigen kann. Der Partner gibt aber nicht einfach sein Wissen bekannt, er hilft auch selbst nicht direkt mit, das Wissen zu finden, und er beantwortet auch keine Fragen.

Was für eine Aufgabe hat also der Gesprächspartner eigentlich? Was geht im Sprecher vor?

"Aber weil ich doch irgend eine dunkle Vorstellung habe, die mit dem, was ich suche, von fern her in einiger Verbindung steht, so prägt, wenn ich nur dreist damit den Anfang mache, das Gemüt, während die Rede fortschreitet, in der Notwendigkeit, dem Anfang nun auch ein Ende zu finden, jene verworrene Vorstellung zur völligen Deutlichkeit aus, dergestalt, dass die Erkenntnis, zu meinem Erstaunen, mit der Periode fertig ist." (II 319, 35)

Kleist spricht zunächst nur von Vorstellungen oder Gedanken. Das Gemüt prägt die dunkle Vorstellung zur völligen Deutlichkeit aus, und zwar, weil es die dunkle Vorstellung nicht stehen lassen kann, sondern sie verdeutlichen muss. Wie dies geschieht, kann nicht erklärt werden, denn es erweckt selbst das Erstaunen des Sprechers, dass die Erkenntnis mit der Periode fertig ist. Ueber den Zusammenhang zwischen Gemüt und Vorstellung einerseits und Sprache andrerseits wird ausser der Gleichzeitigkeit hier nichts gesagt.

Kleist wendet sich nun dem Gesprächspartner zu:

"Es liegt ein sonderbarer Quell der Begeisterung für denjenigen, der spricht, in einem menschlichen Antlitz, das ihm gegenübersteht; und ein

Blick, der uns einen halbausgedrückten Gedanken schon als begriffen ankündigt, schenkt uns oft den Ausdruck für die ganze andere Hälfte desselben." (II 320, 20)

Der Blick des Gesprächspartners kündigt den mangelhaften Gedanken schon als begriffen an. Das heisst doch wohl, dass der Partner erwartet, dass der Gedanke noch ganz ausgedrückt und damit verständlich werde. Der Partner hat so schon "verstanden", bevor der Sprecher gesprochen hat. Er traut es dem Sprecher zu, dass er sagen kann, was er erst ahnt.

Wir beachten, dass Kleist seine Gedanken zur allmählichen Verfertigung der Gedanken beim Reden an einem selbsterlebten Beispiel aufzeigt, bei dem der Partner nicht eine wildfremde Person, sondern seine Schwester ist. Wir dürfen mit Sicherheit annehmen, dass seine geliebte Schwester Ulrike gemeint ist. Und es ist somit kein Zufall, dass sie uns hier, wie schon in dem Brief, in dem Kleist ihr seine Sprachnöte anvertraut hat, wieder begegnet.

Wir wenden uns nun dem Ausdruck zu. Ein Gedanke wird halb ausgedrückt. Ob klar, aber nur zum Teil, oder ganz, aber unklar, oder sowohl unklar als auch nur teilweise, das wird hier nicht unterschieden. Wir können deshalb sagen, dass der Gedanke mangelhaft ausgedrückt wird, wobei wir offen lassen, ob der Mangel die Qualität oder die Quantität, oder beides zusammen betreffe. Wir erinnern uns, dass sich diese Schwierigkeit schon einmal, beim Ausdruck "nicht alles mitteilen können" gezeigt hat (V 24).

Wenn wir beachten, was Kleist über die Entfaltung einer dunklen Vorstellung zu einer deutlichen gesagt hat, müssen wir feststellen, dass hier mit dem halbausgedrückten Gedanken nicht ein klarer Gedanke, der nur mangelhaft ausgedrückt ist, sondern ein Gedanke gemeint ist, der selbst noch eine verworrene Vorstellung ist. Einem dunklen Gedanken entspricht also ein mangelhafter (halber) Ausdruck.

Der Blick kündigt das Mangelhafte (den Gedanken und den Ausdruck) als begriffen, als nicht mehr mangelhaft, als klar an. Dadurch schenkt der Blick den Ausdruck für die ganze andere Hälfte des Gedankens. Dem halbausgedrückten Gedanken entspricht also ein halber Ausdruck und ein halber Gedanke.

Das Thema des Aufsatzes ist die allmähliche Verfertigung der Gedanken beim Reden. Jetzt sind wir an der entscheidenden Stelle angelangt, wo gesagt werden soll, wie ein Gedanke verfertigt, wie er von einem dunklen zu einem klaren wird. Wie geschieht dies also? Es geschieht so, dass mit der bisher fehlenden Hälfte des Ausdrucks die bisher fehlende Hälfte des Gedankens geschenkt wird.

Wir beachten, dass hier Ausdruck und Gedanke gleichzeitig geschenkt werden. Kleist erwähnt aber nur den Ausdruck. Wir dürfen deshalb wohl auch sagen: Der klare Ausdruck verleiht dem Gedanken Klarheit, und zwar so, dass der Ausdruck den Gedanken erst ermöglicht. Wir haben es hier nicht mit einem "vorhandenen" Gedanken zu tun, der nachträglich ausgedrückt wird.

Kleist hat gesagt, dass das Gemüt die verworrene Vorstellung zur völligen Deutlichkeit ausprüge (V 34). Das Wort "ausprägen" lesen wir jetzt einmal als "verdeutlichen", dann aber auch als "ausdrücken".

In seinem Aufsatz sagt Kleist, dass dem Gemüt die nötige Erregung durch den Gesprächspartner zugefügt werde. Wenn wir es uns erlauben, über die Grenzen, in denen Kleist sich mit seinem Aufsatz bewegt, hinauszutreten, können wir uns fragen, ob das Gemüt nicht auch auf andere Weise als nur durch Gesprächspartner angeregt werden könnte. Es könnte sich auch zeigen, dass der Gedanke selbst bestrebt ist, sich auszudrücken (A 10).

Die Erregung des Sprechers spielt bei der allmählichen Verfertigung der Gedanken eine entscheidende Rolle. In den verschiedenen Beispielen, die Kleist gibt, wird die Erregung auf verschiedene Weise hervorgerufen.

Die Schwester steht auf Kleists Seite und erregt sein Gemüt durch ihre Erwartung. Ganz anders der Zeremonienmeister! Er erregt Mirabeau durch seine Gegnerschaft, durch seinen Widerspruch. Oder genauer gesagt: An den Worten des Zeremonienmeisters entzündet sich Mirabeaus Erregung, weil er mit ihnen nicht einverstanden ist.

Wie der Unterschied in der Art, wie die Erregung hervorgerufen wird, so interessiert Kleist auch der Unterschied im Gegenstand der Rede nicht. In der Fabel hängt das Leben des Fuchses von seiner Rede ab, bei Mirabeau steht die Politik auf dem Spiel, und bei Kleist selbst wird nach der Lösung einer algebraischen Aufgabe gefragt, was eine rein theoretische Angelegenheit ist.

Damit ist die Frage, wie sich das Mass der Erregung einerseits zur Art, wie sie hervorgerufen wird, andrerseits zur Art des Gegenstandes verhalte, gestellt. Sie soll aber nicht weiter verfolgt werden, da sich Kleist darüber nicht äussert.

Wenden wir uns nun dem Verhalten des Sprechers zu!

"Ich mische unartikulierte Töne ein, ziehe die Verbindungswörter in die Länge, gebrauche auch wohl eine Apposition, wo sie nicht nötig wäre, und bediene mich anderer, die Rede ausdehnender, Kunstgriffe, zur Fabrikation meiner Idee auf der Werkstätte der Vernunft, die gehörige Zeit zu gewinnen." (II 320, 5)

Der Sprecher muss Zeit gewinnen. Dadurch wird aber der Gedanke noch nicht verfertigt. Er erhält nur Zeit, damit er sich einstellen kann (A 11). Wir haben gesehen, dass der Ausdruck, und mit ihm der Gedanke, geschenkt wird. Das zeigt sich darin, wie die Sprecher in den Beispielen auf einen Gedanken kommen. Von Mirabeau heisst es: "... und nun plötzlich geht ihm ein Quell ungeheurer Vorstellungen auf" (II 321, 4), und vom Fuchs in der Fabel lesen wir: "... und nun erst findet er den Gedanken, der ihn aus der Not reisst" (II 322, 22).

Trotzdem spricht Kleist von der Verfertigung der Gedanken und vergleicht diesen Vorgang mit der Fabrikation eines Gegenstandes in der Werkstatt eines Handwerkers. Der Handwerker kann den Gegenstand herstellen, er verfügt frei über Material und Werkzeug, mit denen er seine Absicht verwirklichen kann. Der Sprecher kann das aber nicht. Was er mit dem Willen ausrichten kann, ist einzig die Bereitstellung günstiger Umstände dafür, dass der Gedanke entstehen kann.

Wie müssen wir es uns erklären, dass Kleist diesen Unterschied nicht beachtet, und in so unangemessener Weise das Entstehen der Gedanken eine Verfertigung nennt? Es scheint, dass Kleist das allmähliche Entstehen der Gedanken von einer anderen Vorstellung vom Umgang mit Gedanken her sieht. Das zeigt sich auch in der negativen Bestimmung der mit ihr einhergehenden Sprache:

"Ein solches Reden ist ein wahrhaftes lautes Denken. Die Reihen der Vorstellungen und ihrer Bezeichnungen gehen nebeneinander fort, und die Gemütsakten für eins und das andere, kongruieren. Die Sprache ist alsdann

keine Fessel, etwa wie ein Hemmschuh an dem Rade des Geistes, sondern wie ein zweites, mit ihm parallel fortlaufendes, Rad an seiner Achse." (II 322, 27)

Die allmähliche "Verfertigung" der Gedanken erscheint jetzt fast als ein Ausnahmefall, gewiss aber als ein Fall neben anderen.

b. Das zweite Thema

Dem besprochenen und im Titel des Aufsatzes einzig genannten Thema steht ein anderes gegenüber. Beide Themen betreffen das Verhältnis zwischen Denken und Sprechen. Das erste Thema, die allmähliche Verfertigung der Gedanken beim Reden, behandelt den Fall, wo Denken und Sprechen gleichzeitig stattfinden. Das zweite Thema behandelt den Fall, wo Denken und Sprechen zeitlich getrennt sind, und zwar so, dass das Sprechen erst nach dem Denken geschieht. Diesem Thema, das in der Klugheitsregel der Lehrer schon kurz angedeutet worden ist (V 34), wendet sich Kleist nun im zweiten Teil des Aufsatzes zu:

"Etwas ganz anderes ist es wenn der Geist schon, vor aller Rede, mit dem Gedanken fertig ist. Denn dann muss er bei seiner blossen Ausdrükkung zurückbleiben, und dies Geschäft, weit entfernt ihn zu erregen, hat vielmehr keine andere Wirkung, als ihn von seiner Erregung abzuspannen." (II 322, 32)

Der Geist muss bei seiner blossen Ausdrückung zurückbleiben. Wie ist der knappe Satz zu verstehen? Der Geist drückt etwas aus. Das Ausdrücken ist das Ausdrücken des Geistes, einmal, weil es der Geist ist, der ausdrückt, andrerseits aber auch, weil das, was ausgedrückt wird, Geist ist. Der Geist drückt sich selbst aus. Das Ausdrücken ist blosses Ausdrücken. Damit wird am Ausdrücken etwas Mangelhaftes festgestellt. Weshalb? Der Geist bleibt bei seiner Tätigkeit zurück. Der Geist geht nicht selbst in den Ausdruck ein. Der Geist muss bei seiner blossen Ausdrückung zurückbleiben. Er geht notwendigerweise nicht in den Ausdruck ein. Der Ausdruck ist etwas dem Geist Fremdes. Deshalb kann er den Geist nicht aufnehmen. Der Ausdruck des Geistes ist die Sprache. Da die Sprache den Geist nicht aufnimmt, da der Geist sich in ihr nicht entfalten kann, sondern zurückbleiben muss, ist sie ein Hemmschuh des Geistes.

"Wenn daher eine Vorstellung verworren ausgedrückt wird, so folgt der Schluss noch gar nicht, dass sie auch verworren gedacht worden sei; vielmehr könnte es leicht sein, dass die verworrenst ausgedrückten grade am deutlichsten gedacht werden." (II 322, 37)

Nach Kleist darf vom Ausdruck nicht auf das Denken geschlossen werden. Gewöhnlich nehmen wir aber an, dass Ausdruck und Gedanken einander entsprechen, und somit der unklare Ausdruck nur Ausdruck eines unklaren Gedankens sein kann (A 12).

Beachten wir aber, was Kleist sagen will. Der unverständliche Satz steht in einem Zusammenhang mit dem vorhin Gesagten, und das "daher" zeigt ein Verhältnis von Grund und Folge an. Das Verhältnis zwischen Geist und Ausdruck ist also so zu

verstehen, dass daraus klar hervorgeht, dass der Schluss vom Ausdruck auf den Gedanken nicht erlaubt ist. Das gelingt aber erst, wenn wir nach dem Beispiel, das Kleist einschiebt, weiterlesen:

> "In solchen Fällen ist es um so unerlässlicher, dass uns die Sprache mit Leichtigkeit zur Hand sei, um dasjenige, was wir gleichzeitig gedacht haben, und doch nicht gleichzeitig von uns geben können, wenigstens so schnell, als möglich, auf einander folgen zu lassen." (II 323, 17)

Wir sehen jetzt, was den Gedanken und den Ausdruck unvereinbar macht. Wir können gleichzeitig (das heisst: vieles zur gleichen Zeit) denken. Ausdrücken können wir aber nicht gleichzeitig, sondern nur in einer Folge in der Zeit. Bildlich könnte man sagen: Das Denken geschieht an einem Haufen, das Ausdrücken nur in einer Reihe; das Denken ist geballt, das Ausdrücken vereinzelt und linear (A 13).

Dass der Geist bei seiner Ausdrückung zurückbleibt, meint also, dass der Geist, wenn er im Ausdruck vereinzelt wird, die ihm gemässe geballte Form verliert.

Jetzt verstehen wir auch, weshalb Kleist es für möglich hält, dass das verworrenst Ausgedrückte gerade das am deutlichsten Gedachte sein kann. "Verworren" und "deutlich" zeigen jetzt nicht mehr nur einen Gegensatz (klar - unklar) an, sondern lassen inhaltlich Bestimmtes erkennen: Beim verworren Ausgedrückten sind die Ausdrücke ineinander und durcheinander auf einen Haufen geworfen und geballt, wie es der Form des Gedachten entspricht. Und wenn Kleist den verworrenen Ausdruck deutlich gedacht nennt, so meint er nichts anderes, als dass er der Form des Gedankens entspreche. Kleist beurteilt hier den Ausdruck nicht nach seiner Verständlichkeit, sondern einzig und allein nach seiner Fähigkeit, Gedachtes wiederzugeben. Wir sehen erneut, dass Kleist die Sprache ganz vom Geist her versteht (A 14). Die Sprache steht im Dienst des Geistes.

Grundsätzlich kann die Sprache den geballten Geist nicht ausdrücken, weil sie selbst linear ist. Innerhalb der Sprache gibt es aber verschiedene Arten. Ganz dem grundsätzlichen Verhältnis zwischen Sprache und Geist entsprechend kommt ein gedrängtes Sprechen dem Geist näher als ein gedehntes. Die Forderung lautet deshalb, das Gesagte so rasch wie möglich aufeinander folgen zu lassen:

> "Und überhaupt wird jeder, der, bei gleicher Deutlichkeit, geschwinder als sein Gegner spricht, einen Vorteil über ihn haben, weil er gleichsam mehr Truppen als er ins Feld führt." (II 323, 21)

Kleist zeigt nun am Beispiel der Prüfung "wie notwendig eine gewisse Erregung des Gemüts ist, auch selbst nur, um Vorstellungen, die wir schon gehabt haben, wieder zu erzeugen" (II 323, 24). Die Prüfung unterscheidet sich etwa von einem Gespräch in der Gesellschaft dadurch, dass bei ihr die "Vorbereitung des Gemüts gänzlich fehlt" (II 323, 35). Weil das Gemüt des Geprüften nicht erregt ist, kann er nicht sofort antworten. Das ist aber nicht so, weil er nicht weiss:

> "Denn nicht <u>wir</u> wissen, es ist allererst ein gewisser <u>Zustand</u> unsrer, welcher weiss." (II 323, 37)

Beim Geprüften ist das Wissen nicht von Anfang an verfügbar. Es wird erst verfügbar, wenn sein Gemüt in Erregung geraten ist. Vorher ist das Wissen zwar auch irgendwie vorhanden, aber der Geprüfte ist nicht selbst in seinem Besitz. Nicht der Geprüfte selbst weiss, sondern ein gewisser Zustand.

Das Gemüt gerät erst durch die Erregung in einen Zustand, der dem Zustand des Wissens entspricht. Das Wissen setzt sich aus Gedanken zusammen. Wie wir gesehen haben, werden die Gedanken erst verfügbar und aussprechbar, wenn sie linear geordnet sind. Vorher sind sie geballt.

Wir können jetzt sagen: Das verfügbare Wissen ist das sprachlich gefasste Wissen, das sich aus linearen Gedanken zusammensetzt. Das Wissen aber, das nicht verfügbar ist und nicht dem Geprüften selbst, sondern eher einem Zustand zugeschrieben werden muss, ist das noch nicht Sprache gewordene Wissen, das sich aus geballten Gedanken zusammensetzt.

Jetzt sehen wir auch, weshalb es nötig ist, dass das Gemüt erregt wird. Durch die Erregung verdichtet sich das Gemüt, wodurch es sich dem Zustand, welcher weiss, angleicht. Nur wenn das Gemüt in Erregung ist, kann das gleichzeitig Gedachte so in Sprache übergehen, dass möglichst viel von ihm erhalten bleibt. Die Forderung, dass das Gemüt erregt sein müsse, entspricht somit genau der Forderung, dass rasch gesprochen werden müsse.

Sowohl beim Suchen eines neuen Gedankens (das erste Thema) als auch beim Wiederhervorbringen eines schon bekannten Gedankens (das zweite Thema) spielt die Erregung des Gemüts eine entscheidende Rolle. In beiden Fällen hat Kleist die Frage nach der Beziehung zwischen dem Denken und dem Sprechen im Blick (V 34). Was leistet also die Erregung des Gemüts, wenn Gedachtes ausgesprochen werden soll?

Wir haben gesagt, dass das Gedachte eine geballte und das Gesprochene eine lineare Form habe, und dass deshalb das Gesprochene das Gedachte grundsätzlich nicht wiedergeben könne (V 38). Aber das Gedachte und das Gesprochene sind nicht ganz unvereinbar, denn eine gewisse Annäherung des Gesprochenen an das Gedachte ist möglich. Dies geschieht, wenn das Sprechen rasch und das Gemüt, das das Gesprochene hervorbringt, erregt ist, denn dann ist das Sprechen selbst dicht (obschon immer noch linear), und nähert sich damit der Form der geballten Gedanken.

2. Brief eines Dichters an einen anderen

Dieser Aufsatz hat, wie es der Titel sagt, die Form eines Briefes, den ein Dichter an einen anderen schreibt. Die Briefform gestattet es Kleist, seine Meinung von einer anderen abzuheben und seine eigene leidenschaftlich zu vertreten (A 15).

Im Unterschied zu dem vorhin besprochenen "Brief" ist in diesem der Empfänger frei erfunden, und Kleist unterschreibt nicht mit den eigenen Initialen, er bleibt anonym.

Zweifellos vertritt der Dichter, der den Brief schreibt (Ny), die Auffassung Kleists. Ob wir uns Ny allerdings als einen erfundenen Dichter vorstellen oder annehmen, dass Kleist selbst schreibt und nur seinen Namen verstellt, kommt hier auf das gleiche heraus. Wenn wir ihn im folgenden einfach "Dichter" nennen, brauchen wir uns nicht für eine der beiden Auffassungen zu entscheiden. Denjenigen Dichter, an den der Brief sich wendet, nennen wir "Freund".

Der Brief nimmt Bezug auf Aeusserungen, die der Freund bei einer Begegnung dem Dichter gegenüber über seine Werke machte. Diese Aeusserungen waren als Lob gemeint. Der Dichter fühlte sich aber durch sie beschämt.

Weshalb es sich so verhält, soll im Brief nun geklärt werden. Der Dichter wiederholt zuerst die Aeusserungen seines Freundes:

"Jünsthin ... verbreitetest du dich, mit ausserordentlicher Beredsamkeit, über die Form, und ... rühmtest du mir auf eine Art, die mich zu beschämen geschickt war, bald die Zweckmässigkeit des dabei zum Grunde liegenden Metrums, bald den Rhythmus, bald den Reiz des Wohlklangs und bald die Reinheit und Richtigkeit des Ausdrucks und der Sprache überhaupt. Erlaube mir, dir zu sagen, dass dein Gemüt hier auf Vorzügen verweilt, die ihren grössesten Wert dadurch bewiesen haben würden, dass du sie gar nicht bemerkt hättest." (II 347, 17)

Indem der Freund nur von solchem, was zur Form gehört, spricht, zeigt er an, dass für ihn bei der Beurteilung der Dichtung die Form wichtig ist, und zwar eine Form, die die Aufmerksamkeit auf sich zieht, Form als Selbstzweck.

Dagegen wendet sich der Dichter. Seiner Meinung nach muss die Form als Form zurücktreten.

"Wenn ich beim Dichten in meinen Busen fassen, meinen Gedanken ergreifen, und mit Händen, ohne weitere Zutat, in den deinigen legen könnte: so wäre, die Wahrheit zu gestehn, die ganze innere Forderung meiner Seele erfüllt." (II 347, 28)

Beim Dichter wird die Beurteilung der Kunst von der inneren Forderung der Seele bestimmt. Kunst hat ihren Sinn nicht dann erreicht, wenn sie schöne Formen hervorbringt, sondern dann, wenn sie der inneren Forderung der Seele entspricht.

Damit ist die Meinungsverschiedenheit zwischen dem Dichter und seinem Freund erklärt: Sie beruht darauf, dass sie die Kunst nach verschiedenen Gesichtspunkten beurteilen.

Wenden wir uns nun der Forderung der Seele zu. Es ist eine innere Forderung, nicht nur, weil die Seele als etwas Inneres vorgestellt wird, sondern vielmehr, weil es die wichtigste und zentrale Forderung aus dem Kern der Seele ist, und nicht irgendeine beliebige unter anderen. Wir erfahren auch, worin die Forderung besteht: Die Gedanken sollen ohne Zutat aus dem Busen des Dichters in den des Freundes gelegt werden. Die Forderung hat nicht nur Gültigkeit für den Dichter als Verfasser der Gedichte, sondern auch für den Freund als Leser der Gedichte. Es ist anzunehmen, dass die Forderung des Dichters für alle anderen Dichter und für alle Leser Gültigkeit beansprucht, denn der Dichter tritt doch dem Freund gegenüber mit dem Anspruch auf, die einzig richtige Auffassung zu vertreten.

"Und auch dir, Freund, dünkt mich, bliebe nichts zu wünschen übrig: dem Durstigen kommt es, als solchem, auf die Schale nicht an, sondern auf die Früchte, die man ihm darin bringt." (II 347, 31)

Dem durstigen Leser geht es einzig und allein um das Wesentliche (die innere Forderung). Einen satten oder gar übersättigten Leser, der sich mit dem Drum und Dran (der From) abgibt, würde der Dichter ablehnen.

Der Massstab der Beurteilung, das Wesentliche der Dichtung ist jetzt gefunden. Nun stellt sich aber die Frage, ob sich die Forderung auch erfüllen lasse:

"Nur weil der Gedanke, um zu erscheinen, wie jene flüchtigen, undarstellbaren, chemischen Stoffe, mit etwas Gröberem, Körperlichen, verbunden sein muss: nur darum bediene ich mich, wenn ich mich dir mitteilen will, und nur darum bedarfst du, um mich zu verstehen, der Rede. Sprache, Rhythmus, Wohlklang usw., so reizend diese Dinge auch, insofern sie den Geist einhüllen, sein mögen, so sind sie doch an und für sich, aus diesem höheren Gesichtspunkt betrachtet, nichts, als ein wahrer, obschon natürlicher und notwendiger Uebelstand; " (II 347, 34)

Der Gedanke scheint, solange er im Busen bleiben kann, mit nichts Gröberem verbunden zu sein (A 16). Sobald er aber mitgeteilt wird, muss er erscheinen, und das ist nur möglich, wenn er mit etwas Gröberem verbunden ist.

Die Forderung verlangt aber, dass der Gedanke ohne weitere Zutat weitergegeben werde. Wir sehen, dass die Forderung nicht erfüllt werden kann.

Jetzt wird auch der Vergleich in seiner ganzen Bedeutung verständlich: Der Dichter vergleicht die Gedanken mit den Früchten und das Gröbere mit der Schale, dem Gefäss, worin sie gereicht werden.

Geläufig ist uns das Bild vom Kern und der Schale. Die Schale ist hier die Hülle der Frucht, Kern und Schale sind zwar Verschiedenes, gehören aber doch so sehr zusammen, dass sie allein nicht bestehen können und nur vereint die Frucht ausmachen.

Dieses Bild, das für das Gröbere und den Gedanken durchaus geeignet wäre, wählt der Dichter aber nicht. Er entscheidet sich für das Bild von Frucht und Schale. Gegenüber dem anderen Bild fällt auf, dass hier die beiden Teile weniger stark zusammenhängen. Die Frucht als der Gedanke ist selbst vollendet. Der Hungrige ergreift die Frucht, die Schale ist ihm überflüssig. Und doch ist das Gröbere nötig, damit der Gedanke weitergegeben werden kann.

Es mag sein, dass das Bild hier nicht ganz stimmt. Alle Bilder zeigen ja immer nur einen gewissen Aspekt dessen, was man sagen will, und nicht alles. Aber gerade diese Unstimmigkeit zeigt uns die Meinung des Dichters noch deutlicher: Er weiss zwar, dass der Gedanke des Gröberen bedarf, um zu erscheinen, aber im Grunde der Seele, dort, wo die Forderung, der Gedanke sei ohne Zutat zu fassen, liegt - dort ist er mit der Einschränkung immer noch nicht einverstanden.

Das Gröbere, mit dem sich der Gedanke verbinden muss, wenn er mitgeteilt werden soll, ist die Rede. Rede ist die herausgesprochene Sprache (A 17). Wie sich der Dichter die Gedanken im Busen, die nicht erscheinen müssen und die ja auch nicht mit dem Gröberen der Rede verbunden sind, vorstellt, wird nicht gesagt.

Zur Rede gehören "Sprache" (die Art des Sprechens), Rhythmus und Wohlklang. In Wahrheit sind sie ein Uebelstand, und das hängt damit zusammen, dass man sie aus einem höheren Gesichtspunkt betrachtet (A 18). Dieser höhere Gesichtspunkt ist seinerseits bestimmt von der inneren Forderung. (Die innere Forderung ist es also, die bestimmt, was wahr ist und gelten soll.) Da die Gedanken aber nicht anders erscheinen können als dadurch, dass sie sich mit etwas Gröberem verbinden, der Uebelstand also unvermeidlich ist, nennt ihn der Dichter natürlich und notwendig.

"Natürlich" heisst hier wohl "zur Natur der Sache gehörig". Es gehört zur Natur der Sache, dass die Gedanken sich mit etwas Gröberem verbinden müssen. Der Natur der Sache steht die innere Forderung der Seele entgegen.

"Sprache", Rhythmus und Wohlklang als Elemente der Form der Sprache sind an und für sich (das heisst: immer) ein Uebelstand. Die Form ist ein Uebelstand, insofern (das heisst: weil) sie den Geist einhüllt. Die Form ist das Gröbere, mit dem sich der Gedanke verbinden muss. Sprache hat immer und überall Form.

Nun lesen wir aber von "Sprache", Rhythmus und Wohlklang:

"... und die Kunst kann, in bezug auf sie, auf nichts gehen, als sie möglichst verschwinden zu machen. Ich bemühe mich aus meinen besten Kräften, dem Ausdruck Klarheit, dem Versbau Bedeutung, dem Klang der Worte Anmut und Leben zu geben: aber bloss, damit diese Dinge gar nicht, vielmehr einzig und allein der Gedanke, den sie einschliessen, erscheine." (II 348, 7)

Wie können die Elemente der Form zum Verschwinden gebracht werden, wenn Form notwendig zur Sprache gehört? Der Widerspruch lässt sich auflösen, wenn wir beachten, dass der Dichter in einer Zweideutigkeit spricht. Sie besteht darin, dass seine Aussagen einmal allgemeine und einmal besondere Aussagen sind. Dieser Zweideutigkeit entspricht auch diejenige des Ausdrucks "Form", der einmal Form schlechthin und einmal eine ganz bestimmte Form meint.

Jetzt sehen wir auch die Zweideutigkeit des Ausdrucks "insofern": Die Form ist als Form schlechthin ein Uebelstand, insofern (das heisst: weil) sie als solche den Geist immer einhüllt. Die Form ist aber auch ein Uebelstand, insofern (und das heisst jetzt: dann, wenn) sie den Geist einhüllt. "Form" ist jetzt eine bestimmte schlechte Form, die den Geist mehr einhüllt als eine andere bessere Form, die ihn hervortreten lässt. Der Dichter kann sich also bemühen, eine Form zu wählen, die die Aufmerksamkeit des Lesers nicht auf sich zieht, sondern ihn ganz auf den Gedanken verweist:

"Denn das ist die Eigenschaft aller echten Form, dass der Geist augenblicklich und unmittelbar daraus hervortritt, während die mangelhafte ihn, wie ein schlechter Spiegel, gebunden hält, und uns an nichts erinnert, als an sich selbst." (II 348, 12)

Erstaunt lesen wir, dass der Geist unmittelbar aus der echten Form hervortrete. Plötzlich scheint die innere Forderung erfüllt, die grundsätzlichen Ueberlegungen hier wieder vergessen zu sein, wo vom Besonderen die Rede ist. Wir sehen jedenfalls, dass wir beim Dichter eine strenge und eine weniger strenge Auffassung der Sprache auseinanderhalten müssen (V 25).

Da nun der Dichter das "Wesen und den Kern der Poesie" (II 348, 27) vom Zufälligen und der Form (als Selbstzweck) unterschieden hat, spricht er nochmals von der richtigen Einstellung zur Dichtung, denn beides gehört zusammen: dass der Dichter sich um die echte Form bemühen und dass der Leser auf den Gedanken, das Gesagte, und nicht auf die Form selbst achten muss, das heisst, er muss die Form nicht als Selbstzweck, sondern daraufhin beurteilen, ob sie das Gesagte verhüllt oder es hervortreten lässt.

D. AUS DEN DICHTUNGEN

Die grossen Kapitel unserer Untersuchung sind bestimmt durch die Art der Schriften, denen die besprochenen Stellen entnommen sind. Mit der Art der Schrift wechselt auch der Status einer sprachlichen Erscheinung. Wenn Kleist einer Schwierigkeit beim Sprechen ausgesetzt ist, ist das etwas anderes als das Nachdenken über eine solche Schwierigkeit. Und die Darstellung einer solchen Schwierigkeit bei einer Figur der Dichtung ist wiederum etwas anderes.

Alle sprachlichen Erscheinungen, die Kleist in seiner Dichtung zur Darstellung bringt, haben also einen besonderen Status. Sie sind frei gewählt und dienen als Motive dazu, das auszudrücken, was der Dichter sagen will. So mag zum Beispiel das Nicht-sprechen-können einer Figur aus Kleists Dichtung dasselbe sein wie dasjenige von Kleist selbst. Das trifft zu, solange man die Figur wie eine wirkliche Person behandelt. Man kann das Nicht-sprechen-können verschiedener (wirklicher oder erfundener) Personen vergleichen. Anders aber ist es, sobald wir fragen, wie sich das Nicht-sprechen-können der Figur zu Kleist selbst als ihrem Schöpfer verhält. So gesehen müssen wir sagen, dass Kleist, indem er die Figur verstummen lässt, selbst keineswegs verstummt, sondern gerade <u>spricht</u>, da er ja etwas anzeigt. Gewiss, auch an demjenigen, der in einer Gesellschaft plötzlich nicht mehr sprechen kann, zeigt sich etwas. Dieses Nicht-sprechen-können zeigt sich aber nur, es wird nicht gezeigt. Das Nicht-sprechen-können der Figur dagegen wird vom Dichter eigens gezeigt (A 19).

Unser Grundsatz der Einzelinterpretation gilt auch bei der Besprechung von sprachlichen Erscheinungen aus den Dichtungen Kleists. In jedem Kapitel werden Stellen aus einer bestimmten Dichtung Kleists besprochen. Deshalb sind die Kapitel nach den Dichtungen benannt. Untereinander sind die Kapitel inhaltlich miteinander verknüpft, und zwar so, dass nach Möglichkeit etwas, das in dem vorhergehenden Kapitel zur Sprache gekommen ist, im folgenden Kapitel aufgegriffen und verdeutlicht wird. Die Dichtungen Kleists werden also nicht in chronologischer Reihenfolge besprochen (A 20).

1. Prinz Friedrich von Homburg

Es werden hier vier Stellen aus dem Drama ausgewählt, die darüber Auskunft geben, wie der Dichter mit der Sprache umgeht: In der sogenannten Traumszene verfolgen wir das Ineinanderspielen von "Traum" und Wirklichkeit (a). Mit einer andern Art, wie sich zwei Welten zueinander verhalten, haben wir es bei der Zerstreutheit zu tun, der Homburg bei der Ausgabe des Schlachtbefehls unterliegt (b). Bei der Interpretation des Verhaltens des Prinzen während der Gefangenschaft (c) gewinnen wir die richtige Ausgangslage für den letzten Abschnitt. Dieser hat den Briefwechsel zwischen dem Kurfürsten und dem Prinzen von Homburg zum Thema (d).

a. Die sogenannte Traumszene

Homburg hätte mit seiner Einheit von Fehrbellin wegreiten sollen Er wird aber *"halb wachend halb schlafend"* (1) im Garten des Schlosses gefunden. Der Kurfürst ist entsetzt über das nachtwandlerische Verhalten seines Offiziers, die Kurfürstin hält ihn für krank, und Hohenzollern, der Homburg wohl nicht zum erstenmal in einem solchen Zustand sieht, erklärt:

"Es ist nichts weiter, glaubt mir auf mein Wort,
Als eine blosse Unart seines Geistes." (38)

Der Prinz windet sich einen Kranz, ohne sich dessen bewusst zu sein, und erwacht auch nicht, als der Kurfürst ihm den Kranz aus der Hand nimmt. Der Prinz spricht sogar:

"Natalie! Mein Mädchen! Meine Braut!" (65)

und nennt Friedrich seinen Vater und die Kurfürstin seine Mutter. Er greift nach dem Kranz und erhascht einen Handschuh Nataliens.

Hohenzollern weiss, wie Homburg geweckt werden kann:

"Ruf ihn bei Namen auf, so fällt er nieder." (31)

So weckt er ihn auch, nachdem die anderen den Garten verlassen haben.

Der Prinz findet sich erst nach geraumer Zeit und mit der Hilfe Hohenzollerns in der Wirklichkeit wieder zurecht. Erst allmählich wird ihm bewusst, dass er im Garten eingeschlafen sein muss. Den Handschuh wirft er zuerst unbeachtet weg - erst indem er ihn am Boden liegen sieht, erinnert er sich an das, was er erlebt hat.

Das Erlebte versteht er als Traum. Im Traum wird etwas in Wirklichkeit nicht Vorhandenes als vorhanden und wirklich vorgestellt. Dass diese Traumwelt nicht wirklich ist, erweist sich erst beim Erwachen, wenn man feststellt, dass das Erlebte nur ein Traum war.

Bei dem, was der Prinz im Garten erlebt, handelt es sich um etwas in einem gewissen Sinne Umgekehrtes: Nicht Unwirkliches wird für wirklich, sondern Wirkliches wird für unwirklich (oder für geträumt) gehalten.

Da Homburg nach dem Erwachen feststellt, dass die von ihm soeben noch gesehenen Personen nicht anwesend sind und da sich das "unbewusste Erleben" nicht von einem Traum unterscheidet, hält er das Erlebte für einen Traum:

"Welch einen sonderbaren Traum träum ich?!" (140)

Einzig der Handschuh verleiht dem Erlebten einen Bezug zur Wirklichkeit. In Wahrheit zeigt er an, dass das Erlebte nicht ein Traum, sondern "unbewusst erlebte" Wirklichkeit war. Da der Prinz aber kein Realist und für eine angenehme Glücksverheissung empfänglich ist, nimmt er den Handschuh als Zeichen dafür, dass das Erlebte ein Traum war, der sich in Zukunft verwirklichen wird. Wir sehen, dass das Erlebte für den Prinzen etwas ganz anderes ist als für die wachen Personen (A 21).

Die Glücksverheissung bestimmt im folgenden das Verhalten des Prinzen. Ist der Kurfürst daran mitschuldig? Der Kurfürst befiehlt Hohenzollern, dem

Prinzen vom Scherz, den er sich mit ihm gestattet hat, nichts zu sagen. Gewiss, nur dadurch, dass der Prinz nicht erfährt, dass sein "Traum" wirklich und nur "unbewusst erlebt" war, gerät er in den Glauben an eine Siegesverheissung. Der Kurfürst weiss aber nicht, dass der Prinz einen solchen "Traum" hatte, kann also die Folgen der Geheimhaltung des Scherzes nicht in ihrer ganzen Tragweite ermessen. Hohenzollern seinerseits erfährt zwar vom "Traum" des Prinzen, kann aber die Vorschrift des Kurfürsten nicht ändern. Ob der Kurfürst auf der Verheimlichung beharrt hätte, wenn er die Auswirkungen des Scherzes erfahren hätte, wissen wir nicht.

Der Prinz erzählt Hohenzollern seinen "Traum" und nennt die Personen, die er darin gesehen hat. Aber den Namen Nataliens, die er im unbewussten Sprechen seine Braut genannt hat, spricht er nicht aus:

"Wie heisst sie schon?" (147)
"Ein Stummgeborner würd sie nennen können!" (148)

In der Erinnerung steht sie klar vor seinen Augen. Aber ihr Name fehlt. Im folgenden werden mehrere Damen in Erwägung gezogen:

"Die Platen. Wirklich. Oder die Ramin." (167)

Das zeigt aber nur, dass die richtige noch nicht gefunden ist.

Weshalb nennt der Prinz Natalie nicht? Es scheint, dass ihm ihr Name entfallen ist. Aber die Bühnenanweisung *"scheint zu suchen"* (147) weist darauf hin, dass Homburg den Namen sehr wohl weiss. Diese Interpretation wird dadurch noch unterstützt, dass der Prinz nachher und in einem andern Zusammenhang von der Prinzessin von Oranien spricht, ohne sie mit der Gesuchten in Zusammenhang zu bringen. Das kann nur Absicht sein, denn wenn ihm ihr Name wirklich entfallen wäre, würde ihm der Zusammenhang zwischen der Person und dem Namen bewusst, sobald er den Namen nennt.

Der Prinz von Homburg glaubt, dass Hohenzollern nicht wisse, von wem er spricht. Aber der Graf weiss natürlich, dass der Prinz von Natalie spricht, da sie ja neben dem Kurfürsten und der Kurfürstin die dritte war. Hohenzollern verstellt sich, damit das Geheimnis nicht auskomme. Weshalb aber verstellt sich der Prinz von Homburg? Er will nicht zugeben, dass er Natalie liebt, da er fürchtet, dass Hohenzollern ihn auslachen könnte. Und die Bedenken des Prinzen sind berechtigt, wie es die Worte Hohenzollerns zeigen, da Homburg die Prinzessin von Oranien erwähnt:

"Hohenzollern. Warum? - Ich glaube gar, der Tor -?" (210)

Doch der Prinz verheimlicht seine Liebe zu Natalie und sagt, dass er nur an sie denke, weil er ihr dreissig Reiter schicken musste.

b. Der Schlachtbefehl

Im fünften Auftritt des ersten Aktes lässt der Kurfürst den Offizieren durch den Marschall den Schlachtbefehl mitteilen und verlangt ausdrücklich:

"Nehmt euren Stift, bitt ich, und schreibt ihn auf." (230)

Der Kurfürst weiss, dass mündliche Befehle durch die Weitergabe entstellt werden können. Da er aber seinen Plan ganz genau nach seiner Vorschrift ausgeführt haben will, müssen die Befehle in präziser und fester Form weitergegeben werden. Diese Form ist die schriftliche. Der Kurfürst nutzt also einen Vorteil, den die geschriebene Sprache gegenüber der gesprochenen hat.

Der Feldmarschall ruft die Offiziere auf, sie melden sich und bestätigen, dass sie geschrieben haben, was er diktiert hat. Nun ist der Prinz an der Reihe. Er hört nicht, dass er aufgerufen wird. Der Graf von Hohenzollern macht ihn darauf aufmerksam. Der Prinz *"fährt zusammen"* (271), denn er war mit seinen Gedanken nicht bei der Befehlausgabe, sondern bei den Damen, die sich vom Kurfürsten verabschieden und ihre Abreise vorbereiten. Der Marschall spricht zwischenhinein mit dem Rittmeister von der Golz, und schon wendet sich Homburgs Aufmerksamkeit wieder den Damen zu. Dort stellt die Prinzessin fest, dass ihr ein Handschuh fehlt. Dadurch erhält die Ahnung des Prinzen, dass der Handschuh, den er im Kollett hat, der Prinzessin gehören könnte, eine erste Bestätigung. Um seine Vermutung vollends zu prüfen, lässt er den Handschuh fallen.

Bis jetzt ist es dem Marschall nicht aufgefallen, dass der Prinz der Befehlsausgabe keine Aufmerksamkeit schenkt, weil er die Befehle ablesen muss und hört, dass Golz das Diktierte wiederholt. Nun erhält er aber erneut keine Antwort, als er Homburg aufruft. Der Graf von Hohenzollern, der schon ganz verzweifelt ist, ruft den Prinzen wieder beim Namen. Halb automatisch meldet sich der Prinz und ist, da er sich bei Hohenzollern erkundigt, erstaunt, dass er an der Reihe ist. Aber nur kurze Zeit ist der Prinz bei der Sache und schreibt, denn jetzt sieht der Kurfürst den am Boden liegenden Handschuh.

Der Prinz bringt ihn Natalie und fragt sie: "Ist das der Eure?" (318). Sie antwortet: "Der meinige; der, welchen ich vermisst." (319). Der Prinz von Homburg *"steht, einen Augenblick wie vom Blitz getroffen da; dann wendet er sich mit triumphierenden Schritten wieder in den Kreis der Offiziere zurück"* (321)

Dass der Handschuh der Prinzessin auf geheimnisvolle Weise in seinen Besitz gelangt ist, bestätigt dem Prinzen seinen Glauben daran, dass der Traum von Sieg und Verlobung sich verwirklichen werde. Deshalb ist der Prinz überglücklich. Er wiederholt nur den Schluss des Befehls, und damit nur das, was zu seinem triumphierenden Gefühl passt:

"Dann wird er die Fanfare blasen lassen." (322)

Der Prinz ist so bewegt von dem Ereignis, dass er es seinem Freund Hohenzollern mitteilen will. Dieser will aber nichts wissen, da er sich auf die Worte des Marschalls konzentriert, und er fordert den Prinzen auf, still zu sein.

Unwillig fordert der Marschall den Prinzen nochmals auf, den Befehl zu wiederholen. Da der Marschall sich damit zufrieden gibt, dass Homburg nur den Schluss des Befehls wiederholt, merkt er nicht, dass der Prinz das Wichtige des Befehls, nämlich, dass er erst auf den ausdrücklichen Befehl des Kurfürsten die Fanfare blasen lassen darf, nicht aufgenommen hat.

Auf dem Schlachtfeld von Fehrbellin erkundigt sich der Prinz bei Hohenzollern nach dem Befehl, aber seine Frage wird nicht direkt beantwortet:

"Hohenzollern.
Du warst zerstreut. Ich hab es wohl gesehn.

<u>Der Prinz von Homburg</u>.
>Zerstreut - geteilt; ich weiss nicht, was mir fehlte,
>Diktieren in die Feder macht mich irr. -" (419)

Damit wird der Prinz wieder an den "wunderlichen Vorfall" erinnert und er hört nicht, was Hohenzollern erklärt. Nur Kottwitz hört zu, und so kommt es, dass alle besser als der Prinz über die Order Bescheid wissen.

Der Prinz sagt, er sei "zerstreut - geteilt" gewesen. Damit kennzeichnet er seinen Zustand ganz genau. Seine Zerstreutheit bestand darin, dass er seine Aufmerksamkeit nicht dem, was er tun sollte, sondern etwas anderem zuwandte (V 14). Da ihn der Marschall aber immer wieder zur Pflicht rief, wurde er vom Gegenstand seines Interesses immer wieder weggerissen. Seine Aufmerksamkeit war geteilt und wandte sich gern den abreisenden Damen und nur unwillig der Befehlsausgabe in der Offiziersgruppe zu.

Dass das Diktieren den Prinzen irr mache, ist eine Ausrede und gibt den eigentlichen Grund der Zerstreutheit nicht an. Trotzdem kann die Aussage etwas Wahres meinen. Diktiertes ist schwierig zu verstehen, weil es in einzelne Teile aufgeteilt ist und weil die Aufmerksamkeit sich nicht nur auf das, was das Diktierte meint, richten kann, sondern auch auf das Aufschreiben der einzelnen Wörter gelenkt werden muss.

Die Schlacht beginnt. Von ihrem Hügel aus verfolgen die Offiziere ihren Verlauf. Da Homburg den Schlachtplan nicht kennt, versteht er nicht, weshalb vieles anders ist als bei der letzten Schlacht. Aber niemand geht auf seine Fragen ein, denn die neuen Ereignisse beanspruchen die ganze Aufmerksamkeit. Der Kampf scheint bald einmal für den Kurfürsten entschieden zu sein. Jetzt hält es der Prinz nicht mehr aus zu warten und er will zum Angriff blasen lassen. Kottwitz und Hohenzollern machen ihn auf den Befehl aufmerksam:

>"Obrist Kottwitz.
>>Des Herrn Durchlaucht, bei der Parole gestern,
>>Befahl, dass wir auf Order warten sollen.
>>Golz, lies dem Herren die Parole vor.

><u>Der Prinz von Homburg</u>.
>>Auf Ord'r! Ei, Kottwitz! Reitest du so langsam?
>>Hast du sie noch vom Herzen nicht empfangen?" (471)

Der Prinz hat schon zwei Gelegenheiten, sich den Befehl anzueignen, wegen seiner Zerstreutheit verpasst. Und auch jetzt hört er nicht, wie der Befehl lautet - aber nicht, weil er wieder zerstreut wäre, sondern weil er sich über den Befehl hinwegsetzt.

Wir fragen uns, weshalb der Offizier Homburg seine Pflicht beiseiteschiebt, und sehen, dass er sich in seinem Glückstaumel ganz auf seine Siegesverheissung verlässt, wie das in seinem kurzen Monolog (355) zum Ausdruck kommt. Wie sehr er von dieser Stimmung eingenommen ist, zeigt sich auch darin, dass er sich durch seinen Sturz vom Pferd nicht warnen lässt. Dem Zuschauer ist die schwarze Binde, die er seither trägt, ein untrügliches Zeichen dafür, dass auch der Prinz dem Gesetz der Endlichkeit aller Menschen unterstellt ist.

Der Graf Hohenzollern merkt, dass sich der Prinz durch nichts abhalten lässt, und gibt es auf, ihn weiterhin an den Befehl zu mahnen.

Der erste Offizier dagegen nimmt keine Rücksicht - und erfährt den Zorn seines Vorgesetzten Homburg, der sich persönlich angegriffen fühlt und für sachliche Ueberlegungen nicht zugänglich ist.

Der Oberst Kottwitz fühlt sich durch den Vorwurf des Prinzen missverstanden und beleidigt. Er schliesst sich, um zu zeigen, dass er vor dem Kampf keine Angst hat, dem Prinzen an, sichert sich aber vorher ab, indem er den Prinzen auf seine Verantwortung aufmerksam macht:

> "Obrist Kottwitz.
> Auf deine Kappe nimms. Ich folge dir.
>
> Der Prinz von Homburg *beruhigt.*
> Ich nehms auf meine Kappe. Folgt mir, Brüder! " (496)

Der Prinz spricht den Satz, ist sich aber, im Gegensatz zu Kottwitz, nicht der vollen Tragweite seiner Bedeutung bewusst, sondern er spricht ihn leichthin aus und ist nur froh, dass er sich durchgesetzt hat und nun Fanfare blasen lassen kann (A 22).

c. Die Gefangenschaft

Der Kurfürst lässt Homburg verhaften, weil er seinen Befehl übertreten hat. Das Erstaunen des Prinzen zeigt, dass er sich nicht bewusst war, ein schwerwiegendes Vergehen begangen zu haben. Auch jetzt noch glaubt er daran, dass er bald freigelassen werde. Er fasst seine Gefangenschaft, ja selbst das Verhör vor dem Kriegsgericht als blosse Formalität auf.

Hohenzollern berichtet, dass der Marschall dem Kurfürsten das Todesurteil zur Unterschrift gebracht habe. Wir beachten dabei, dass die "Sprache" des Gesichtsausdrucks der gesprochenen Sprache widerspricht:

> "Er fügt' hinzu, da er bestürzt mich sah,
> Verloren sei noch nichts, und morgen sei
> Auch noch ein Tag, dich zu begnadigen;
> Doch seine bleiche Lippe widerlegte
> Ihr eignes Wort, und sprach: ich fürchte, nein! " (892)

Erst jetzt glaubt der Prinz, dass der Kurfürst das Todesurteil vollstrecken könnte. Da er aber meint, dass seine Befehlsmissachtung nicht ein ausreichender Grund dazu sei, sucht er nach einem anderen und stellt fest, dass er wegen seiner Verlobung mit Natalie dem Kurfürsten bei seinen Verhandlungen mit dem schwedischen Gesandten im Wege stehen könnte.

Homburg geht nun zu seiner Tante, der Kurfürstin, um sie zu bitten, beim Kurfürsten für ihn ein gutes Wort einzulegen. Ganz erschüttert kommt er in ihr Zimmer:

> "Ach! Auf dem Wege, der mich zu dir führte,
> Sah ich das Grab, beim Schein der Fackeln, öffnen,
> Das morgen mein Gebein empfangen soll. " (981)

Der Anblick des Grabes bewirkt zwar, dass der Prinz jetzt glaubt, dass es der Kurfürst mit dem Todesurteil ernst meint. Deshalb packt Homburg auch fürchterliche Todesangst, so dass ihn die Kurfürstin zweimal mahnen muss, sich mit Fassung zu rüsten (994 und 1006). Aber mit dem Anblick des Grabes gelangt der Prinz keineswegs zu der Einsicht, dass er selbst wirklich schuldig ist, denn er glaubt, den Kurfürsten dadurch versöhnen zu können, dass er Natalie freigibt (1023).

Da die Kurfürstin Friedrich schon erfolglos um Gnade für Homburg gebeten hat, will es Natalie nun noch versuchen. Sie schildert dem Kurfürsten den Zustand des Prinzen:

"Der denkt jetzt nichts, als nur dies eine: Rettung!" (1148)

Der Kurfürst ist erstaunt darüber, dass der Prinz um Gnade fleht, und glaubt, dass der Prinz das Urteil für ungerecht halte. Denn in seiner Hochachtung vor dem Prinzen kommt er gar nicht auf den Gedanken, dass der Prinz seine Verhaftung anders als aus dem Rechtsstandpunkt beurteilen könnte. Und da er eine Satzung, die nicht anerkannt wird, für sinnlos hält, sagt er:

"Wenn er den Spruch für ungerecht kann halten
Kassier ich die Artikel: er ist frei! -" (1185)

Natalie versteht nicht, weshalb ihr Oheim plötzlich bereit ist, den Prinzen freizusprechen und entnimmt dem, was der Kurfürst gesagt hat, nur, dass es für den Prinzen neue Hoffnung gibt.

Wie der Prinz, der von seinem Befehl nur einen Teil auffasst (V 48), entnimmt auch Natalie dem, was der Kurfürst sagt, nur einen Teil. In beiden Fällen wird von dem Gesagten nur das Erfreuliche aufgenommen, das Unerfreuliche aber wird übersehen. Dadurch erhält das Gesagte eine Bedeutung, die es eigentlich gar nicht hat.

d. Der Briefwechsel zwischen dem Kurfürsten und dem Prinzen

Voll Freude bringt Natalie ihrem geliebten Homburg den Brief ihres Oheims ins Gefängnis.

"Der Prinz von Homburg *liest*.
    'Mein Prinz von Homburg, als ich Euch gefangen setzte,
    Um Eures Angriffs, allzufrüh vollbracht,
    Da glaubt ich nichts, als meine Pflicht zu tun;
    Auf Euren eignen Beifall rechnet ich.
    Meint Ihr, ein Unrecht sei Euch widerfahren,
    So bitt ich, sagts mir mit zwei Worten -
    Und gleich den Degen schick ich Euch zurück.'

Natalie erblasst. Pause. Der Prinz sieht sie fragend an". (1307)

Jetzt erst versteht Natalie plötzlich, dass der Prinz nur unter einer Bedingung frei wird. Und sie erkennt auch, dass die Bedingung nicht erfüllt ist, denn das Verhalten des Kurfürsten kann nicht ungerecht genannt werden. Sie erblasst, weil ihre ganze Freude und Hoffnung zerschlagen ist, und sie nun fürchtet, dass der Prinz sterben wird.

Natalie versucht jetzt, den Prinzen von der Einsicht, die sie soeben gemacht hat, abzuhalten, um ihn zu retten. Ihr *"Ausdruck plötzlicher Freude"* (1314) ist nicht der Ausdruck eines Gefühls, sondern gespielt, blosser Ausdruck (A 23).

Sie drängt den Prinzen zur Eile und sagt:

"Zwei Worte nur bedarfs -!" (1314)

"Geschwind! Setzt Euch! Ich will es Euch diktieren." (1323)

Natalie will dem Prinzen diktieren, damit er keine Gelegenheit zum Nachdenken hat. Was sie ihm allerdings diktieren will, weiss sie selbst wohl auch noch nicht. Da der Prinz den Brief des Kurfürsten nochmals lesen will, reisst sie ihn ihm aus der Hand und erinnert ihn an die Gruft.

"Der Prinz von Homburg *lächelnd.*
 Wahrhaftig, tut Ihr doch, als würde sie
 Mir, wie ein Panther, übern Nacken kommen." (1328)

Homburg spürt die Befürchtung Nataliens und lehnt ihre Verzweiflung ab. Damit gewinnt er erstmals seiner eigenen Todesangst gegenüber eine gewisse Freiheit.

Der Prinz beginnt nun zu schreiben, doch er zerreisst den Brief sofort wieder.

"Natalie *hebt den Brief auf.*
 Wie? Was sagtet ihr? -
 Mein Gott, das ist ja gut; das ist vortrefflich!" (1332)

Natalie nennt den Brief vortrefflich, weil er ihrer Absicht, die Bedingung des Kurfürsten zu verheimlichen, entspricht. Wir müssen also annehmen, dass der erste Entwurf Homburgs nicht auf den Brief des Kurfürsten Bezug nahm und dass der Prinz darin, wie er es bisher auch getan hat, klagend um Gnade gebettelt hat.

Der Prinz muss sich nun erklären, weshalb er den Brief vernichtet hat:

"Der Prinz von Homburg *in den Bart.*
 Pah! - Eines Schuftes Fassung, keines Prinzen. -" (1334)

Zunächst lehnt der Prinz nur die Fassung des Briefes ab. Da aber die Fassung des Geschriebenen Ausdruck der Haltung des Schreibenden ist, lehnt er mit der Fassung zugleich auch seine Haltung dem Kurfürsten gegenüber ab. Durch das Schreiben, das bewusst macht und festlegt (V 30), wird der Prinz gezwungen, sich darauf zu besinnen, was sich für einen Prinzen ziemt. Dadurch kommt er auf den Weg, seine Fassung, die er verloren hat, wiederzugewinnen.

Wie er sich fassen soll, will er dem Brief des Kurfürsten, den er Natalie wegnimmt, entnehmen. Mit dem Brief nimmt Homburg seine Angelegenheit selbst in die Hand. Natalie sieht, dass sie den Prinzen nicht mehr zurückhalten kann und fürchtet deshalb mit Recht das Schlimmste. Und richtig: Der Prinz bemerkt, dass der Kurfürst ihn selbst auffordert, die Entscheidung zu treffen.

Der Prinz weiss nicht, dass Natalie die Bedingung längst verstanden hat und vermutet deshalb:

"Der Prinz von Homburg *betroffen.*
 - Du übersahst die Stelle wohl?
Natalie.   Nein! - Welche?" (1341)

Natürlich hat Natalie die Stelle nicht übersehen, deshalb entspricht ihre Antwort, wörtlich genommen, auch der Wahrheit. Trotzdem muss Homburg ihr Nein als eine Bestätigung seiner Vermutung verstehen.

Natalie versucht nochmals, den Prinzen mit dem Hinweis auf die "äussere Form" (1348) abzulenken, aber er hat schon erkannt, dass die Bedingung, die der Kurfürst stellt, nicht erfüllt ist.

"Der Prinz von Homburg *erhebt sich leidenschaftlich vom Stuhl.*
        Ich bitte, frag mich nicht!
   Du hast des Briefes Inhalt nicht erwogen!
   Dass er mir unrecht tat, wies mir bedingt wird,
   Das kann ich ihm nicht schreiben; zwingst du mich,
   Antwort, in dieser Stimmung, ihm zu geben,
   Bei Gott! so setz ich hin, du tust mir recht!" (1353)

Der Prinz muss entscheiden, ob der Kurfürst gerecht oder ungerecht handelte, als er ihn verhaften liess. Da Homburg in der Schlacht gegen den ausdrücklichen Befehl des Kurfürsten handelte, machte er sich strafbar. Da er dies jetzt einsieht, will er hinschreiben: "Du tust mir recht!" Doch zuerst muss er noch über die Folge dieses Entscheids, den Tod, nachdenken.

"Natalie *bleich.*
   Du Rasender! Was für ein Wort sprachst du?
   Sie beugt sich gerührt über ihn." (1359)

Natalie ist von der edlen Haltung des Prinzen gerührt und zugleich erschüttert, weil sie weiss, dass sie ihren Verlobten verlieren wird. Doch Homburg hat unterdessen seinen Entschluss schon gefestigt, und auch der Gedanke an den Vollzug des Todesurteils bringt ihn nicht mehr ins Wanken.

"Der Prinz von Homburg *schreibend.*
   Gleichviel!
Natalie.   Gleichviel?
Der Prinz von Homburg. Er handle, wie er darf;
   Mir ziemts hier zu verfahren, wie ich soll!
Natalie *tritt erschrocken näher.*
   Du Ungeheuerster, ich glaub, du schriebst?
Der Prinz von Homburg *schliesst.*
   'Homburg; gegeben, Fehrbellin, am zwölften -';
   Ich bin schon fertig. - Franz!
        Er kuvertiert und siegelt den Brief.
Natalie.   O Gott im Himmel!"

Der Prinz von Homburg *steht auf*.
> Bring diesen Brief aufs Schloss, zu meinem Herrn!
> *Der Bediente ab*.
> Ich will ihm, der so würdig vor mir steht,
> Nicht, ein Unwürdger, gegenüber stehn!
> Schuld ruht, bedeutende, mir auf der Brust,
> Wie ich es wohl erkenne; kann er mir
> Vergeben nur, wenn ich mit ihm drum streite,
> So mag ich nichts von seiner Gnade wissen." (1374)

Homburg anerkennt, dass er schuldig ist, und er sieht ein, dass sein Vergehen schwerwiegend war. Damit hat er die letzte Stufe seiner Verwandlung erreicht.

Wir fragen nun noch, wie der Prinz von Homburg zu seiner Einsicht gekommen ist. Dabei beachten wir zweierlei:

Einmal trägt die Frage, die der Kurfürst an den Prinzen richtet, Wesentliches dazu bei, dass der Prinz zur Einsicht gelangt, dass er schuldig ist. Auf die Frage des Kurfürsten konnte der Prinz frei antworten. Aber das Entscheidende der Frage ist nicht, dass sie freie Entscheidung gibt, sondern dass sie festlegt. Die Frage, die der Kurfürst stellte, zwang den Prinzen, den Rechtsstandpunkt einzunehmen, da durch sie jeder andere Gesichtspunkt (etwa die Todesfurcht) ausgeschlossen wurde.

Und dann bewirkt auch die Schriftlichkeit der Antwort, dass der Prinz zur Einsicht kommt. Bis jetzt hat sich der Prinz nur mündlich über seine Behandlung beklagt und sich dabei ganz von seiner Sorge um sein Wohlergehen leiten lassen. Dabei ist der Sprecher ganz mit seiner mündlichen Aeusserung verbunden, sie kann nicht von ihm gelöst werden. Anders verhält es sich bei der schriftlichen Aeusserung, die immer einen eigenen Bestand hat. Sie kann losgelöst vom Schreibenden beurteilt und in einen anderen Zusammenhang gestellt werden. Der schriftlichen Aeusserung kommt das grössere Gewicht zu, weil sie nicht wie die mündliche in der Luft verhallt, sondern bestehen bleibt. Weil man jederzeit über eine schriftliche Aeusserung Rechenschaft ablegen können muss, muss sie mit Bedacht verfasst werden. Rechenschaft kann sich der Prinz aber nicht geben, wenn er sich auf seine momentane Stimmung der Todesfurcht beruft, sondern nur, wenn er seine Gefangennahme am gültigen Recht misst.

2. Der Findling

Wir haben einige Aspekte der geschriebenen Sprache kennengelernt. Ein weiterer, nämlich die Verstellung der Handschrift, soll nun im "Findling" untersucht werden (a. Piachis List). Hier beachten wir auch, wie das Aussprechen eines Sachverhalts und der Sachverhalt selbst sich zueinander verhalten (b. Klara). Dann wenden wir uns der Vertauschung von Buchstaben in ähnlich lautenden Wörtern zu (c. Das Buchstabenspiel). In einem Anhang werden weitere Buchstaben- und Wortspiele besprochen.

a. Piachis List

Constanze, Nicolos Gemahlin, war gestorben, ihr Begräbnis stand bevor.
Nicolo trauerte aber nicht um sie. Elvire sah sogar die Zofe der Xaviera Tartini
bei ihm im Zimmer.

Aber auch Piachi machte eine Entdeckung:

"Zufällig aber traf es sich, dass Piachi, der in der Stadt gewesen war,
beim Eintritt in sein Haus dem Mädchen begegnete, und da er wohl merkte,
was sie hier zu schaffen gehabt hatte, sie heftig anging und ihr halb mit
List, halb mit Gewalt, den Brief, den sie bei sich trug, abgewann. Er ging
auf sein Zimmer, um ihn zu lesen, und fand, was er vorausgesehen hatte,
eine dringende Bitte Nicolos an Xaviera, ihm, behufs einer Zusammen-
kunft, nach der er sich sehne, gefälligst Ort und Stunde zu bestimmen.
Piachi setzte sich nieder und antwortete, mit verstellter Schrift, im Namen Xavieras: 'gleich, noch vor Nacht, in der Magdalenenkirche.' -
siegelte diesen Zettel mit einem fremden Wappen zu, und liess ihn, gleich
als ob er von der Dame käme, in Nicolos Zimmer abgeben. Die List glück-
te vollkommen; " (II 205, 19)

Nicolo merkte nicht, dass der Brief gefälscht war und begab sich in der
Meinung, dort Xaviera zu treffen, in die Magdalenenkirche, wo seine Frau beige-
setzt wurde. Damit wurde Nicolo in aller Oeffentlichkeit blossgestellt. Piachi
hatte sein Ziel, ihm eine Lektion zu erteilen, erreicht.

Es ist nicht gerade wahrscheinlich, dass es jemandem gelingt, die Handschrift einer anderen Person so nachzuahmen, dass die Fälschung nicht als solche
erkannt wird. Aber es ist möglich, und das genügt Kleist.

Die Handschrift trägt die Züge des Schreibers. Weil alle Schreiber Individuen sind, sind auch alle Handschriften individuell. So, wie jedes Individuum von
allen anderen Individuen unterschieden ist, so ist auch jede Handschrift von allen
anderen Handschriften unterschieden. Deshalb ist in den Zügen der Handschrift
der Schreiber selbst da. Die Unterschrift zeigt diese Eigenschaft der Handschrift
in besonders ausgeprägter Weise.

Auf dieser Zusammengehörigkeit von Schreiber und Schrift, und darauf,
dass diese Zusammengehörigkeit selbstverständlich ist, beruht die Fälschung.
Die gute Fälschung ist von ihrer Vorlage nicht unterscheidbar, weshalb sie für
echt gehalten wird und sich erst später, wenn anderes dazukommt, als Fälschung
erweist. In der Fälschung wird zwar die Selbstverständlichkeit des Zusammenhangs zwischen Schreiber und Schrift zerstört, nicht aber dieser Zusammenhang
selbst, denn jede Fälschung beruht gerade auf diesem Zusammenhang, ja sie
macht ihn eigentlich erst bewusst, indem sie ihn aus der Selbstverständlichkeit
heraushebt.

Für den weiteren Verlauf der Novelle ist es wichtig, dass Nicolo nur
wusste, dass Elvire ihn ertappt hatte. Da er nicht ahnte, dass auch Piachi ihm
auf die Schliche gekommen war, musste er annehmen, dass Elvire den Brief gefälscht hatte. Seine Rache galt deshalb Elvire. Da Piachi seinerseits nicht wusste,
dass Elvire Nicolo ertappt hatte, konnte er nicht ahnen, dass Nicolos Rache
Elvire treffen könnte.

b. Klara

Nicolo hört, dass in Elvires Zimmer gesprochen wird, und schon hofft er, Elvire das gleiche Vergehen, bei dem sie ihn ertappt hat, vorwerfen zu können.

"Von raschen, heimtückischen Hoffnungen durchzuckt, beugte er sich mit Augen und Ohren gegen das Schloss nieder, und - Himmel! was erblickte er? Da lag sie, in der Stellung der Verzückung, zu jemandes Füssen, und ob er gleich die Person nicht erkennen konnte, so vernahm er doch ganz deutlich, recht mit dem Akzent der Liebe ausgesprochen, das geflüsterte Wort: Colino." (II 206, 37)

Da Elvire kurz darauf das Zimmer verlässt, untersucht es Nicolo. Aber er findet nur ein Bild, das ihn beeindruckt, ohne dass er weiss, weshalb.

Nicolo will nun herausfinden, wer der Abgebildete sei und lässt dazu Xaviera, die sehr viele Leute kennt, das Bild betrachten. Sie wird dabei von ihrer Tochter begleitet.

"Doch wie betroffen war Nicolo, als die kleine Klara (so hiess die Tochter), sobald er nur den Vorhang erhoben hatte, ausrief: 'Gott, mein Vater! Signor Nicolo, wer ist das anders, als Sie?' - Xaviera verstummte. Das Bild, in der Tat, je länger sie es ansah, hatte eine auffallende Aehnlichkeit mit ihm: besonders wenn sie sich ihn, wie ihrem Gedächtnis gar wohl möglich war, in dem ritterlichen Aufzug dachte, in welchem er, vor wenigen Monaten, heimlich mit ihr auf dem Karneval gewesen war. Nicolo versuchte ein plötzliches Erröten, das sich über seine Wangen ergoss, wegzuspotten;" (II 208, 18)

Wir beachten, dass die Aehnlichkeit zwischen Nicolo und dem Bild weder von Nicolo selbst, noch von Xaviera, sondern von Klara, einem Kind, entdeckt wird. Nicolo und Xaviera sehen die Aehnlichkeit erst, nachdem Klara sie ausgesprochen hat.

Wir fragen uns, was Nicolo und Xaviera daran hinderte, die Aehnlichkeit selbst festzustellen. Da das Bild Nicolo gleicht, taucht sofort der Verdacht auf, dass es ein Bild Nicolos sein könnte. Elvire würde also im geheimen Nicolo anbeten. Dies würde aber für Xaviera bedeuten, dass sie eine Nebenbuhlerin hätte, was ihr nur unangenehm sein kann. Und für Nicolo ist es ebenso peinlich, dass Xaviera erfährt, dass er von einer andern Frau geliebt wird. Nicolo und Xaviera treten, ganz im Gegensatz zu Klara, dem Bild nicht gelassen gegenüber. Unbewusst ahnen sie die Aehnlichkeit. Da diese Entdeckung aber für beide unangenehme Folgen hätte, lässt eine "unbewusste Absicht" die Aehnlichkeit nicht bewusst werden. Dies ist der Grund dafür, dass sie die Aehnlichkeit zuerst nicht selbst feststellen, und nachher, da sie von Klara ausgesprochen worden ist, dafür, dass es ihnen peinlich ist, dass die Aehnlichkeit zwischen dem Bild und Nicolo ausgekommen ist.

Wir sehen, dass ein Sachverhalt erst dadurch, dass er ausgesprochen wird, ins Bewusstsein tritt und dadurch Wirklichkeit erhält. Zudem wird deutlich, dass etwas übersehen wird, weil man sich insgeheim fürchtet, es zu sehen. Dagegen sieht die unbeteiligte Klara, die mit keinen Rücksichten belastet ist, als einzige klar. (A 24).

56

Wir halten also fest, dass der Sachverhalt keineswegs nur objektiv vorliegt, sondern durch die Einstellung, die ihm gegenüber eingenommen wird, mitbestimmt wird.

Im Gegensatz zu Klara, Xaviera und Nicolo merkt Elvire überhaupt nichts von einer Aehnlichkeit zwischen Nicolo und Colino, weil ihre Welt der Erinnerung und Andacht an Colino so sehr von der wirklichen Welt getrennt ist, dass zwischen ihnen jeder Vergleich überhaupt unmöglich scheint. Wichtiger ist aber der zweite Grund: Elvire sieht das Bild ganz anders als Nicolo, Xaviera und Klara, da sie als einzige Colino selbst gekannt hat.

Die Aehnlichkeit zwischen dem Bild und Nicolo wird durch die Starrheit des Ausdrucks bewirkt. Kleist sagt, dass Nicolo "von einer besondern, etwas starren Schönheit" war (II 200, 29) und dass er "fremd uns steif" vor Elvire stand (II 201, 8). Vom Bild heisst es, dass es Nicolo "starr ansah" (II 207, 29). Dass Colino in Wirklichkeit auch ein starres Aussehen hatte, ist nicht anzunehmen. Er wird erst starr auf dem Bild, das ihn festhält. Da Elvire den belebten Ausdruck Colinos erlebt hat, ist für sie das Bild nicht starr, sondern sie beseelt es mit ihrem Blick, wenn sie es betrachtet. Colino hat für sie keine Aehnlichkeit mit Nicolo.

Der Leser weiss natürlich, dass das Bild Colino, und nicht Nicolo zeigt. Nicolo befindet sich also in einem Irrtum, wenn er sich selbst im Bild sieht. Seine Meinung stützt sich auf die Aehnlichkeit zwischen dem Bild und ihm selbst. Sie ist geprägt von der gewohnten und selbstverständlichen Annahme, dass das Aussehen der Ausdruck der Seele sei, dass jeder individuellen Seele ein individuelles Aeusseres zukomme. Damit lässt er sich durch etwas Wahrscheinliches von der Wahrheit ablenken.

c. Das Buchstabenspiel

Gegen die Vermutung Nicolos, dass mit dem Bild er selbst gemeint sein könnte, spricht die Tatsache, dass Elvire den Abgebildeten mit "Colino" anspricht.

"Nichts störte ihn in dem Taumel, der ihn ergriffen hatte, als die bestimmte Erinnerung, dass Elvire das Bild, vor dem sie auf Knieen lag, damals, als er sie durch das Schlüsselloch belauschte: Colino, genannt hatte; doch auch in dem Klang dieses, im Lande nicht eben gebräuchlichen Namens, lag mancherlei, das sein Herz, er wusste nicht warum, in süsse Träume wiegte, und in der Alternative, einem von beiden Sinnen, seinem Auge oder seinem Ohr zu misstrauen, neigte er sich, wie natürlich, zu demjenigen hinüber, der seiner Begierde am lebhaftesten schmeichelte."
(II 209, 8)

Was Nicolos Herz in süsse Träume wiegt, ist wohl die Aehnlichkeit der beiden Namen "Nicolo" und "Colino", die ihm aber noch nicht bewusst ist. Wir erinnern uns, dass auch das Bild Nicolo beeindruckt hatte, ohne dass er wusste, weshalb dies geschah. Erst von der durch Klara bewusst gewordenen Aehnlichkeit des Aussehens her wurde dieser erste Eindruck verständlich. So ist es auch hier. Etwas, das erst später begriffen wird, kündigt sich in einer Ahnung an. Auch diesmal ist der Anlass, der die Ahnung zur Gewissheit werden lässt, zufällig:

"Es traf sich, dass Piachi, wenige Tage zuvor, nach einer Schachtel mit kleinen, elfenbeinernen Buchstaben gefragt hatte, vermittelst welcher Nicolo in seiner Kindheit unterrichtet worden, und die dem Alten nun, weil sie niemand mehr brauchte, in den Sinn gekommen war, an ein kleines Kind in der Nachbarschaft zu verschenken. Die Magd, der man aufgegeben hatte, sie, unter vielen anderen, alten Sachen, aufzusuchen, hatte inzwischen nicht mehr gefunden, als die sechs, die den Namen: <u>Nicolo</u> ausmachen; wahrscheinlich weil die andern, ihrer geringeren Beziehung auf den Knaben wegen, minder in Acht genommen und, bei welcher Gelegenheit es sei, verschleudert worden waren. Da nun Nicolo die Lettern, welche seit mehreren Tagen auf dem Tisch lagen, in die Hand nahm, und während er, mit dem Arm auf die Platte gestützt, in trüben Gedanken brütete, damit spielte, fand er - zufällig, in der Tat, selbst, denn er erstaunte darüber, wie er noch in seinem Leben nicht getan - die Verbindung heraus, welche den Namen: <u>Colino</u> bildet. Nicolo, dem diese logogriphische Eigenschaft seines Namens fremd war, warf, von rasenden Hoffnungen von neuem getroffen, einen ungewissen und scheuen Blick auf die ihm zur Seite sitzende Elvire. Die Uebereinstimmung, die sich zwischen beiden Wörtern angeordnet fand, schien ihm mehr als ein blosser Zufall, er erwog, in unterdrückter Freude, den Umfang dieser sonderbaren Entdeckung, und harrte, die Hände vom Tisch genommen, mit klopfendem Herzen des Augenblicks, da Elvire aufsehen und den Namen, der offen da lag, erblicken würde. Die Erwartung, in der er stand, täuschte ihn auch keineswegs; denn kaum hatte Elvire, in einem müssigen Moment, die Aufstellung der Buchstaben bemerkt, und harmlos und gedankenlos, weil sie ein wenig kurzsichtig war, sich näher darüber hingebeugt, um sie zu lesen: als sie schon Nicolos Antlitz, der in scheinbarer Gleichgültigkeit darauf niedersah, mit einem sonderbar beklommenen Blick überflog, ihre Arbeit, mit einer Wehmut, die man nicht beschreiben kann, wieder aufnahm, und, unbemerkt wie sie sich glaubte, eine Träne nach der anderen, unter sanftem Erröten, auf ihren Schoss fallen liess. Nicolo, der alle diese innerlichen Bewegungen, ohne sie anzusehen, beobachtete, zweifelte gar nicht mehr, dass sie unter dieser Versetzung der Buchstaben nur seinen eignen Namen verberge."
(II 209, 37)

Die logogriphische Eigenschaft der beiden Namen bestärkt Nicolo in der Meinung, dass mit "Colino" er selbst gemeint sei und dass Elvire diesen Namen nur als Decknamen für ihn verwende. Mit dieser Vermutung unterzieht er Elvire einer Prüfung. Er prüft aber nicht das, was er wissen möchte, nämlich, ob Elvire einen Zusammenhang zwischen "Nicolo" und "Colino" sehe, sondern ob Elvire tatsächlich zu dem Namen "Colino" ein besonderes Verhältnis habe, was er ja schon weiss. Er sieht in seinem Eifer diesen Unterschied nicht und fasst denn auch das Resultat der Prüfung als Bestätigung seiner Vermutung auf. Wie sehen, dass das Interesse, das "Auf-etwas-aus-sein" eine sachliche Beurteilung verunmöglicht und der Grund dazu ist, dass Nicolos Irrtum noch verstärkt wird.

So gerät er denn auch in äusserste Verlegenheit, als Xaviera ihm erklärt:

"... sie müsse ihm nur eröffnen, dass der Gegenstand von Elvirens Liebe
ein, schon seit zwölf Jahren, im Grabe schlummernder Toter sei. -
Aloysius, Marquis von Montferrat, dem ein Oheim zu Paris, bei dem er
erzogen worden war, den Zunamen Collin, späterhin in Italien scherzhafter
Weise in Colino umgewandelt, gegeben hatte, war das Original des Bildes,
das er in der Nische, hinter dem rotseidenen Vorhang, in Elvirens Zimmer entdeckt hatte; der junge, genuesische Ritter, der sie, in ihrer Kindheit, auf so edelmütige Weise aus dem Feuer gerettet und an den Wunden,
die er dabei empfangen hatte, gestorben war." (II 211, 25)

Erst jetzt, da Nicolo erfährt, dass das Bild und der Name "Colino" einen
anderen Menschen meinen, merkt er, dass seine Annahme ein Irrtum war.

Wir wenden uns nun den Charakteren der beiden Personen mit den ähnlichen
Namen zu.

Colino ist edelmütig und selbstlos. Er setzt sein Leben ein für Elvires
Rettung. Nicolo dagegen denkt nur an den eigenen Vorteil. Von der Starrheit seines
Ausdrucks, der keine Seelenbewegung sehen lässt, haben wir bereits gesprochen
(V 57). Schon früh stellt Piachi Nicolos Bigotterie und Elvire seinen "Hang für das
weibliche Geschlecht" fest (II 201, 28). Seine Beziehung zu den Weibern ist
egoistisch und ohne Liebe. Wie grausam er mit Elvire, wie gemein er mit Piachi,
dem er doch alles zu verdanken hat, umgeht, erfährt der Leser im Verlauf der
Novelle. Nicolo ist unfähig, etwas zu empfinden oder ein Gefühl eines Mitmenschen
zu achten. Seine Pläne stellt er berechnend auf und führt sie schlau und rücksichts-
los aus.

Wir sehen, dass die Charaktere von Nicolo und Colino einander entgegenge-
setzt sind. Ihre Namen haben aber eine auffallende Aehnlichkeit. Das befremdet
uns, denn gewöhnlich haben verschiedene Personen auch verschiedene Namen.
Der Name gehört aufs innigste zu einer Person. Deshalb meint der Name auch
immer die Person, und nicht sich selbst. Er weist von sich weg auf die gemeinte
Person. Wegen dieser engen Bindung zwischen der Person und ihrem Namen ist
im Namen gleichsam der Charakter der Person enthalten. Von dieser natürlichen
Einstellung ausgehend sollte man meinen, dass jede Person als Individuum einen
Namen habe, den nur sie selbst und sonst niemand trägt. In Wirklichkeit trifft
dies aber nicht zu. Verschiedene Personen können den gleichen Namen haben. So
gesehen ist der Name etwas der Person völlig Fremdes und Zufälliges. Beachten
wir aber, dass der Name in dieser Einstellung nicht mehr dasselbe ist, denn er ist
jetzt blosser Name. In der natürlichen Einstellung gibt es keine blossen Namen,
sie gehören dort immer einer Person. Der blosse Name entsteht erst dadurch,
dass man von seinem Träger absieht, er ist eine Abstraktion. Von blossen Namen
sprechen wir deshalb nicht in der natürlichen, sondern in einer abstrahierenden
Einstellung.

Nicolo hat von Colino nur das blosse Bild und den blossen Namen, der Bezug zu ihrem Träger, von dem her sie bestimmt sind, fehlt. Einzig deshalb sind
sie vieldeutig, und einzig weil Nicolo in einer unnatürlichen Einstellung zu ihnen
steht, verfällt er dem Irrtum.

Wir haben bis jetzt vorläufig angenommen, dass zwei verschiedene Personen den gleichen Namen tragen, um die unnatürliche Einstellung Nicolos heraus-

zuarbeiten. Weil wir es weiterhin mit blossen Namen zu tun haben, bleibt das Gesagte auch gültig, wenn wir jetzt unsere Aufmerksamkeit darauf lenken, dass die beiden Namen nicht gleich, sondern ähnlich sind.

Zur Frage, worin diese Aehnlichkeit bestehe, lesen wir zuerst Sembdners Anmerkung zu den zwei Namen:

"Colino - italien. Verkleinerungsform von Nicolo; also eigentlich der gleiche Name, was Kleist entgangen war." (II 907 zu 210, 15)

Danach ist "Colino" ("Nicolino") nur eine andere Form von "Nicolo". Das trifft gewiss zu, nur müssen wir uns hüten, diese Anmerkung auf die Novelle zu beziehen. Denn Kleist zeigt uns mit der Herkunft des Namens "Colino" aus "Collin" ganz deutlich, dass es sich hier um zwei verschiedene Namen handelt, die nur durch Zufall einander ähnlich sind.

Die Aehnlichkeit der beiden Namen besteht zunächst in der Aehnlichkeit ihrer Lautgestalt. Die Lautgestalt ist die erste und natürlichste Form des Namens. Sie ist nicht eine Reihe von Lauten, denn dass die Lautgestalt aus einzelnen Lauten besteht, wird uns erst bewusst, wenn wir daran gehen, das Wort aufzuschreiben. Unsere Schrift ist eine Lautschrift. Das geschriebene Wort besteht aus einer Reihe von Lautzeichen. Die Lautgestalt des Wortes aber wird erst von dem Schriftbild des Wortes her als eine Reihe von Einzellauten verstanden. Das wahre Verhältnis, dass nämlich die Lautgestalt das erste ist und das Schriftbild das später an sie herangetragene Mittel, sie zu fassen, wird umgekehrt, so dass es nachher bald einmal heisst: Ein Wort besteht aus einer Reihe von Lauten, ein Wort entsteht durch Kombination von Buchstaben. Wir sehen so ein ganz mechanisches Verständnis der Sprache entstehen.

Die Mechanisierung der Sprache nimmt nicht nur im Uebergang von der gesprochenen zur geschriebenen Sprache zu, sondern auch im Uebergang von der Handschrift zum maschinell geschriebenen Wort. Wir haben gesehen, dass die Handschrift die Züge des Schreibers trägt (V 55). Die maschinell hergestellte Schrift, die aus immer und überall gleichen Lettern besteht, hat keinen Bezug zum Schreiber, sie ist anonym. Deshalb ist auch die Fälschung der Maschinenschrift sinnlos. Das maschinell hergestellte Wort ist von dem natürlichen schon sehr weit entfernt. Vom natürlichen Wort fasst die Handschrift nur einen Teil, und von ihr fasst die maschinelle Schrift auch wieder nur einen Teil. Mit dieser zunehmenden Abstraktion werden auch die Schreibwerkzeuge komplizierter. Der handliche Stift oder die Feder werden durch eine Schreib- oder Setzmaschine ersetzt. Diese Maschinen haben einen Vorrat an Buchstaben und sind so gebaut, dass die Buchstaben nur der Reihe nach hervorgeholt werden können.

Auch das Buchstabenspiel hat einen Buchstabenvorrat. Aber bei ihm sind die Buchstaben beliebig zusammen- und umstellbar. Die feste Reihenfolge wird also aufgehoben, womit wir die letzte Stufe der zunehmenden Entfernung von der natürlichen Sprache erreicht haben.

Wir haben diese Entfernung als fortschreitende Abstraktion verstanden. Mit ihr geht eine zunehmende Verselbständigung und Verdinglichung des Wortes einher. Wir haben gesehen, dass der lebendige Name ganz in der Person, die er nennt, aufgeht. Sobald er aber als blosser Name betrachtet wird, ist er ein selbständiger "Gegenstand". Diese Verdinglichung erreicht im Buchstabenspiel ihren

Höhepunkt, und zwar erst dann, wenn die einzelnen Buchstaben nicht mehr auf Kartontafeln aufgedruckt sind, sondern körperhaft sind, so nämlich, dass das Material, aus dem sie bestehen, die Form der Buchstaben hat.

Mit solchen Buchstaben - sie sind elfenbeinern (II 209, 38) - stellt Nicolo in der Novelle zufällig fest, dass sich aus dem Namen NICOLO durch Umstellung der Buchstaben der Name COLINO bilden lässt.

Die Aehnlichkeit der Namen besteht also in ihrer logogriphischen Eigenschaft (A 25). Sie sind mit den gleichen Buchstaben "gebaut", sie sind, was den Buchstabenbestand betrifft, gleich. Gewiss, wir haben das schon lange gewusst. Aber was dies eigentlich bedeutet, können wir erst nach diesen allgemeinen Ueberlegungen zu der Abstraktion und Verdinglichung der Wörter erfassen. Wir sehen jetzt nämlich, dass es dem Charakter des nur am Dinglichen, Aeusserlichen hängenden Nicolo durchaus entspricht, sich mit dieser äusserst verdinglichten Form des Wortes zu beschäftigen. Die Buchstaben können wie Bauklötze nach eigenem Ermessen zu einem Wort zusammengestellt werden, es können Buchstaben dazugefügt, weggenommen oder nur umgestellt werden, so dass unter Umständen ein neues Wort entsteht.

Wie wenig solche Buchstabenspielereien mit dem natürlichen Wort zu tun haben, geht daraus hervor, dass man die Wörter kennt, auch wenn man nicht daran denkt, aus welchen Buchstaben sie "zusammengesetzt" sind, und dass solche Buchstabenbeziehungen nur durch Zufall oder durch Ausprobieren gefunden werden.

Anhang: Buchstaben- und Wortspiele

Sembdner macht uns in seiner Anmerkung zum Namen "Colino" auf weitere Buchstabenveränderungen in Kleists Werk aufmerksam:

"Ein ähnlich bedeutsames Buchstabenspiel in der Anekdote 'Der Griffel Gottes'; auch seinen eigenen Namen behandelte Kleist 1801 'logogriphisch' (S. 537 unten). Im 'Guiskard' 131 wird der Name Armin zu Marin umgebildet." (II 907 zu 210, 15)

Zu Beginn des fünften Auftritts des "Robert Guiskard" winkt der Normann dem Greis und dem ersten Krieger und ruft sie beim Namen zu sich her. Der Greis heisst Armin, der Krieger Marin (131).

Im Brief vom 30. August (und 1. September) 1800 an Wilhelmine berichtet Kleist aus Leipzig:

"Unser erstes Geschäft war, uns unter unsern neuen Namen in die Akademie inskribieren zu lassen, und wir erhielten die Matrikeln, welche uns zu Pässen verhelfen sollen, ohne alle Schwierigkeit." (II 536, 11)

Der Brief trägt die Unterschrift:

"Dein treuer Freund Heinrich
    124   5 3
    Klingstedt" (II 537, 36)

Auch in der Immatrikulationsliste der Universität Leipzig (LS 41b) und im Würzburger Intelligenzblatt (LS 41c) ist Klingstedt aufgeführt.

Die Verrätselung entsteht hier nicht nur durch Umstellung von Buchstaben (wie in den bis jetzt besprochenen Fällen), sondern durch Umstellung und Zufügung von neuen Buchstaben. Die Buchstaben des Namens "Kleist" gehen gleichsam ein in dem Namen "Klingstedt".

In der Anekdote "Der Griffel Gottes" (II 263) wird nicht nur ein Name (ein einziges Wort), sondern ein ganzer Text der Veränderung unterworfen, die hier darin besteht, dass einzelne Buchstaben und Wörter gestrichen werden.

Auf einem prunkvoll in Erz gegossenen Grabstein stand geschrieben, dass eine polnische Gräfin, die zeitlebens bösartig gewesen war, einem Kloster ihr ganzes Vermögen vermacht habe. Da sie dies aber nur tat, damit ihr die Absolution erteilt würde, erweckte die Inschrift beim Leser eine falsche Vorstellung von dieser Gräfin. Nun fuhr Gott mit dem Blitz so über die Inschrift, dass nur noch die Buchstaben übrig blieben, die den Satz "Sie ist gerichtet!" bilden. Der Eingriff Gottes strafte die vom Kloster ausgesprochene Absolution Lüge und bewirkte, dass der Leser des Grabsteins nun den wahren Eindruck von der Verstorbenen erhält.

Die logogriphischen Veränderungen haben wir nun besprochen. In diesen Umkreis der Verdinglichung der Sprache gehört aber auch ein Geschenk Kleists an Wilhelmine, von dem Zolling berichtet:

"Er schenkte ihr in dieser Zeit eine Tasse, die noch heute in der Familie aufbewahrt wird; auf dem Boden der Schale steht 'Vertrauen', auf der Untertasse 'uns' und auf der Rückseite des Bodens derselben 'Einigkeit', so dass das Ganze - eine Art Rebus - bedeutet: Vertrauen auf uns und Einigkeit unter uns." (LS 50b)

Kleist selbst erwähnt den Spruch in zwei Briefen an Wilhelmine:
Würzburg, den 15. September 1800

"Verstehst Du die Inschrift der Tasse? Und befolgst Du sie? Dann erfüllst Du meinen innigsten Wunsch. Dann weisst Du, mich zu ehren." (II 564, 23)

Berlin, den 9. April 1801

"Also niemals Misstraun oder Bangigkeit. Vertrauen auf uns, Einigkeit unter uns!" (II 644, 1)

Das Wortspiel spielt mit den verschiedenen Bedeutungen der Präpositionen "auf" und "unter": Die Tasse steht auf der Untertasse, die untere Fläche der Untertasse liegt unter ihrer oberen Fläche. In dieser räumlichen Anordnung befinden sich auch die geschriebenen Wörter "Vertrauen", "uns" und "Einigkeit" (A 26).

Im Schritt von "Vertrauen" auf "uns" und "Einigkeit" unter "uns" zum sinnvollen Satz "Vertrauen auf uns und Einigkeit unter uns" verwandelt sich zweierlei: Einmal werden die Wörter nicht mehr als geschriebene "Dinge", sondern ihrer Bedeutung nach verstanden, und dann werden die Präpositionen nicht mehr in ihrer konkret-räumlichen, sondern in ihrer eher abstrakten übertragenen Bedeutung aufgefasst.

Wir sehen, dass dieses Wortspiel sehr gut zu Kleists Umgang mit der Sprache passt, denn sowohl die Verdinglichung als auch die Vieldeutigkeit sind Erscheinungen, denen wir immer wieder begegnen.

3. Die Hermannsschlacht

Wie in der soeben besprochenen Novelle verwendet Kleist auch in der "Hermannsschlacht" das Motiv der ähnlichen Namen. Die ähnlichen Ortsnamen "Iphikon" und "Pfiffikon" werfen hier aber ganz andere Fragen auf als die ähnlichen Personennamen im "Findling" (A 27).

Iphikon

Varus bricht mit seinem Heer von Arkon auf und marschiert in der Meinung, sich Iphikon zu nähern, in Richtung Pfiffikon. Da ihm die Marschrichtung falsch zu sein scheint, befiehlt er, die Strasse zu verlassen. Dabei gerät er in einen Sumpf. Da er sich durch drei landeskundige Cherusker führen lässt, die ihm sein Verbündeter Hermann zugeteilt hat, fragt Varus sich allmählich, ob er verraten worden (1876) oder einem Missverständnis zum Opfer gefallen sei:

> "<u>Varus</u>. Wars ein Versehn, dass man nach Pfiffi- mich,
> Statt Iphikon geführt: wohlan, ich will es mindstens,
> Bevor ich weiter rücke, untersuchen." (1881)

Ein Feldherr vermutet, dass die ähnlich lautenden Ortsnamen verwechselt worden seien und gibt die Schuld der Sprache:

> "<u>Dritter Feldherr</u>.
> Pfiffikon! Iphikon! - Was das, beim Jupiter!
> Für eine Sprache ist! Als schlüg ein Stecken
> An einen alten, rostzerfressnen Helm!
> Ein Greulsystem von Worten, nicht geschickt,
> Zwei solche Ding, wie Tag und Nacht,
> Durch einen eignen Laut zu unterscheiden.
> Ich glaub, ein Tauber war's, der das Geheul erfunden,
> Und an den Mäulern sehen sie sichs ab." (1897)

Darauf werden die Cherusker von Varus zur Rede gestellt:

> "<u>Varus</u>. Nach welchem Ort, sag an, von mir benannt,
> Hast du mich heut von Arkon führen sollen?
>
> <u>Der erste Cherusker</u>.
> Nach Pfiffikon, mein hochverehrter Herr.
>
> <u>Varus</u>. Was, Pfiffikon! hab ich nicht Iphi- dir
> Bestimmt, und wieder Iphikon genannt?

Der erste Cherusker.
>   Vergib, o Herr, du nanntest Pfiffikon.
>   Zwar sprachst du, nach der Römermundart,
>   Das leugn' ich nicht: 'führt mich nach Iphikon';
>   Doch Hermann hat bestimmt uns gestern,
>   Als er uns unterrichtete, gesagt:
>   'Des Varus Wille ist nach Pfiffikon zu kommen;
>   Drum tut nach mir, wie er auch ausspricht,
>   Und führt sein Heer auf Pfiffikon hinaus.'" (1906)

Varus erkennt, dass er von Hermann verraten und von den Cheruskern in die Irre geführt worden ist. Hermanns "Rücksicht" auf die Römermundart war nichts als eine gemeine List, denn gegen sprachliche Missverständnisse hatte sich Varus abgesichert:

"Varus. Woher kennt auch dein Hermann meine Mundart?
>   Den Namen hatt ich: Iphikon,
>   Ja schriftlich ihm, mit dieser Hand gegeben?!

Der erste Cherusker.
>   Darüber wirst du ihn zur Rede stellen;
>   Doch wir sind schuldlos, mein verehrter Herr." (1920)

Hermann lockt Varus in einen Hinterhalt, wo das ganze römische Heer vernichtet wird. Das gelingt ihm dadurch, dass er zuerst das Vertrauen des Varus gewinnt und es nachher missbraucht. Das ist das Vorgehen eines Verräters. Der Verräter schliesst Freundschaft, nicht weil er dem Partner freundschaftlich gesinnt ist, sondern einzig in der Absicht, seine wahre Gesinnung zu verbergen, damit sich der Gegner nicht in acht nehmen kann.

Die verräterische Haltung unterscheidet sich zunächst nicht von der aufrichtigen. Erst später, und oft zu spät, stellt sich heraus, dass die Haltung verräterisch war, erst wenn weitere Auskünfte zu dem schon vorhandenen Wissen dazukommen, erweist sich der Verrat als das, was er ist, nämlich als Verrat.

In dieser Zeitstruktur stimmt er ganz mit der Lüge überein. Während die Lüge aber eher sachbezogen ist, betrifft der Verrat immer eine Haltung, eine Einstellung einem anderen Menschen gegenüber.

Zum Verrat gehört nicht nur, dass das Vertrauen gebrochen wird, sondern auch, dass dieses Vertrauen ausgenützt wird. Dies geschieht durch eine Aufforderung, die natürlich so aussehen muss, als ob sie dem Partner nützen würde, deren Befolgung ihn aber ins Verderben stürzt. Zum Verrat gehört also auch, dass er ein schlechter Rat, Ver-Rat ist.

Hermann bedient sich nun, um den wahren Charakter seiner Aufforderung zu verbergen, einer sprachlichen Erscheinung, der wir uns nun zuwenden.

Beim Ueberbringen von Meldungen besteht die Gefahr des Missverstehens. Diese Gefahr ist besonders gross, wenn die Meldung ähnlich lautende Namen enthält (A 28). Varus kennt diese Gefahr. Deshalb sieht er sich wie der Kurfürst (V 48) gegen ein Missverständnis vor und teilt Hermann sein Ziel - Iphikon - schriftlich mit. Diese Vorsicht ist auch erfolgreich, denn ein sprachliches Missverständnis, wie es der Feldherr befürchtet, tritt nicht ein.

Das ist zu beachten, wenn wir die Anmerkung Sembdners lesen:

"Pfiffikon - Irreführungen durch falsche Aussprache von Ortsnamen schon bei Livius XXII, 13. Ortsnamen auf 'kon' waren Kleist von der Schweiz her geläufig. " (I 945 zu 1909ff)

Wir stellen fest, dass diese Anmerkung wie diejenige zu dem Namen Colino (V 60) nur dann gültig ist, wenn wir sie als allgemeinen Hinweis, aber nicht als Interpretation der entsprechenden Stelle der Dichtung verstehen.

Hermann weiss, dass Varus nach Iphikon marschieren will, und dass er den cheruskischen Führern vertrauen wird. Varus soll aber in den Hinterhalt nach Pfiffikon gelockt werden. Nun wäre für Hermann nichts einfacher, als den Führern zu sagen: "Wir überlisten Varus; führt ihn deshalb nach Pfiffikon und gebt vor, ihn nach Iphikon zu führen. " So käme Hermann mit einer gewöhnlichen Lüge aus - die Aehnlichkeit der beiden Namen spielte überhaupt keine Rolle.

Gegenüber diesem Befehl aber hat derjenige, den Hermann den Führern wirklich erteilt, den Vorteil, dass die Cherusker selbst nicht wissen, dass sie lügen und betrügen. Damit schliesst Hermann die Gefahr, dass sich die drei Führer verraten könnten, aus.

Er nützt also die Aehnlichkeit der beiden Ortsnamen nicht dazu aus, Varus zu belügen, sondern dazu, die Führer, die "lügen" sollen, so zu belügen, dass sie selbst nicht wissen, dass sie "lügen".

Bei den cheruskischen Führern nimmt die Lüge eine äusserste Form an, denn ihr Bestreben, sich als wahr zu geben, geht so weit, dass der Sprecher die "Lüge" für wahr hält. Das, was die Führer Varus sagen, ist deshalb nur in bezug auf Hermann, nicht aber in bezug auf die Führer eine Lüge. Jedenfalls haben wir es hier mit einer Erscheinung zu tun, die eine Brechung der Wirklichkeit mehr als die gewöhnliche Lüge hat.

Hermann kennt die Möglichkeit von Missverständnissen. Sein Betrug besteht darin, dass er ein richtiges Verständnis für ein falsches ausgibt. Verständnis bezieht sich hier auf das Aussprechen, das oft in verschiedenen Sprachen bei gleichen Buchstaben verschieden ist. Die Cherusker merken aber nicht, dass die Behauptung Hermanns, dass die Römer bei der Aussprache deutscher Namen ihre Gewohnheiten beibehalten, hier ganz fehl am Platz ist, sei es, weil Varus wie ein Deutscher ausspricht, oder sei es, weil er die Gewohnheiten zwar beibehält, sie sich bei diesen Wörtern aber nicht von den deutschen unterscheiden. Die Cherusker wissen nicht, wie gut Varus Deutsch kann, und weil sie die lateinische Sprache nicht beherrschen, können sie nicht beurteilen, wie sich die römischen Aussprachegewohnheiten auf die deutschen auswirken (A 29).

4. Die Familie Schroffenstein

Mit der Besprechung des Erbvertrags und des Vergleichs mit dem Sündenfall schaffen wir zuerst eine Grundlage zum richtigen Verständnis des Dramas (a. Der Erbvertrag). Im nächsten Abschnitt wenden wir uns Jeronimus zu, der nicht direkt in den Streit der beiden Häuser verwickelt ist und deshalb die Aussagen der beiden Parteien sachlich gegeneinander abwägen kann (b. Jeronimus).

Er ist es auch, der die Vieldeutigkeit des einen auf der Folter ausgesprochenen Wortes erkennt (c. "Sylvester"). Anschliessend soll Ruperts Vorgehen gegen Santing besprochen werden (d. Santing). Der letzte Abschnitt (e. Das Versehen) ist dem Hauptmotiv des ganzen Dramas gewidmet.

a. Der Erbvertrag

Jeronimus erfährt, dass Rupert und seine Familie Sylvester Rache schwören, da sie ihn für den Mörder ihres Sohnes Peter halten. Weil Jeronimus Sylvester als friedlichen Menschen kennt, ist für ihn Ruperts Anklage eine Verleumdung. Im Gespräch mit dem Kirchenvogt will er dem Gegeneinanderstehen der verschiedenen Auffassungen auf den Grund gehen und es auflösen.

Jeronimus fordert den Kirchenvogt auf, ihm alles, was er weiss, "fein ordentlich und nach der Reihe" (176) mitzuteilen.

> "Kirchenvogt.
> Seht, Herr, das tu ich gern. Seit alten Zeiten
> Gibts zwischen unsern beiden Grafenhäusern,
> Von Rossitz und von Warwand einen Erbvertrag,
> Kraft dessen nach dem gänzlichen Aussterben
> Des einen Stamms, der gänzliche Besitztum
> Desselben an den andern fallen sollte.

> Jeronimus. Zur Sache, Alter! das gehört zur Sache nicht.

> Kirchenvogt. Ei, Herr, der Erbvertrag gehört zur Sache.
> Denn das ist just als sagtest du, der Apfel
> Gehöre nicht zum Sündenfall." (177)

Der Erbvertrag steht in engem Zusammenhang mit dem Streit zwischen den Häusern Rossitz und Warwand. Der Kirchenvogt vergleicht den Erbvertrag mit dem Apfel des Sündenfalls. Es liegt nahe, den Erbvertrag für den Ursprung alles Uebels und Missverstehens zu halten. Doch wir fragen uns: Was sagt der Vergleich eigentlich? Zunächst zeigt er an, dass sehr wohl eine Beziehung zwischen dem Erbvertrag und der Streitsache besteht, denn es ist offensichtlich, dass der Apfel zum Sündenfall gehört. Darüber allerdings, wie diese Beziehung, dieses Zusammengehören verstanden werden muss, ist damit noch nichts ausgemacht.

Wir fragen also: Wie gehört der Apfel zum Sündenfall? Sobald die Frage ausdrücklich gestellt ist, wird klar, dass es nicht richtig ist, den Apfel als die Ursache des Sündenfalls anzusehen. Der Sündenfall tritt erst dadurch ein, dass die Menschen den Apfel ergreifen. Dass die Menschen das tun, dafür kann der Apfel freilich nichts. Worin liegt also die Ursache des Sündenfalls? Wir können diese schwerwiegende Frage nicht beantworten. Trotzdem dürfen wir aber feststellen, dass die eigentliche Ursache vielmehr bei den Menschen als beim Apfel liegt.

Der Apfel ist also nicht Ursache, sondern Anlass zum Sündenfall. Entsprechend ist auch der Erbvertrag nicht die Ursache, sondern der Anlass dazu, dass das Misstrauen und der Hass das Verhalten der beiden Familien zueinander bestimmen.

Es zeigt sich, dass der Vergleich des Kirchenvogts sehr treffend ist, wenn er so wörtlich genommen wird. Deshalb ist es auch nötig, ihn so genau zu lesen.

Wir wenden uns nun dem Erbvertrag selbst zu! Er ist eine Absprache zwischen den beiden Familien Schroffenstein. Wenn der Vertrag als Ursache des Uebels genommen wird, möchte man meinen, der Vertrag hätte keine andere Absicht gehabt, als zum gegenseitigen Mord aufzurufen. Das ist aber Unsinn. Der Erbvertrag wurde vielmehr in gutem Einvernehmen und mit der Absicht abgeschlossen, dass der Familienbesitz nicht in fremde Hände kommen sollte. Die Familie steht als Einheit den Fremden gegenüber. Der Vertrag ist zuerst ein Ausdruck des Gefühls, dass die beiden Familien zusammengehören.

Doch wie kommt es dazu, dass dieser Erbvertrag Anlass zu Misstrauen und Hass wird, wie kommt es zu dieser gänzlichen Umkehrung der Bedeutung des Vertrags?

> "Kirchenvogt.   Als unser jetzger Herr
> An die Regierung treten sollte, ward
> Er plötzlich krank. Er lag zwei Tage lang
> In Ohnmacht; alles hielt ihn schon für tot,
> Und Graf Sylvester griff als Erbe schon
> Zur Hinterlassenschaft, als wiederum
> Der gute Herr lebendig ward. Nun hätt
> Der Tod in Warwand keine grössre Trauer
> Erwecken können, als die böse Nachricht." (187)

Die andere, unheilsame Bedeutung des Erbvertrags zeigt sich plötzlich und zufällig. Ob das, was der Kirchenvogt erzählt, wirklich geschehen ist oder nur vorgestellt wurde, ist nicht wichtig. Entscheidend ist, dass seine Worte zeigen, wie die Bedeutung des Erbvertrags umschlug. Ist das, was diesen Umschlag bewirkt, der Ursprung des Uebels, und - was ist es? Es wird hier nicht gesagt. Wichtig ist, dass jetzt erst die Möglichkeit des Missbrauchs gegeben ist. Dass diese Möglichkeit aber rasch ergriffen wird und die unheilvolle Bedeutung des Vertrags sofort wichtiger als die ursprüngliche wird, dass das Streben nach dem Besitz der Verwandten wichtiger wird als die Freude an ihrem Wohlergehen, ist einzig die Schuld der Menschen (A 30).

b. Jeronimus

Nun teilt der Kirchenvogt Jeronimus mit, dass Rupert seinen Sohn tot auffand, dass zwei Männer aus Warwand bei ihm standen, die Rupert sofort niedermachte, und dass der eine von ihnen gestanden habe, dass er von Sylvester zum Mord gedungen worden war. Rupert zweifelt keinen Augenblick daran, dass die beiden Männer die Mörder Peters sind. Denn seine Grundeinstellung des Misstrauens gegen Warwand lässt alles als eindeutig erscheinen (A 31). Ruperts Voreingenommenheit bestimmt, was "wahr" ist, was nur möglich ist, weil die Voreingenommenheit dem Voreingenommenen nicht als solche bewusst ist. Wie Nicolo (V 58) merkt Rupert nicht, dass seine Einstellung die Sachlage verstellt.

Jeronimus dagegen ist nicht von einer zum voraus gefassten Meinung bestimmt, einmal, weil er keinem der beiden sich bekämpfenden Häuser angehört, und dann auch, weil er sowohl Rupert als auch Sylvester persönlich kennt. Seine Einstellung ist die der Offenheit: Bei ihm ist es möglich, dass sich zwei Aussagen oder Tatsachen widersprechen, und wenn das zutrifft, wählt er nicht einfach die für ihn günstigere, sondern sieht sich gezwungen, den Widerspruch aufzuklären.

So kann er es auch nicht glauben, dass Sylvester an Peters Tod schuld sein soll. Deshalb will er vom Kirchenvogt auch genau wissen, was der Mann aus Warwand gestanden hat.

> "Jeronimus.   Was
>   Hat er gestanden?
>
> Kirchenvogt.   Dass sein Herr Sylvester
>   Zum Morde ihn gedungen und bezahlt.
>
> Jeronimus. Hast dus gehört? Aus seinem Munde?
>
> Kirchenvogt.   Herr,
>   Ich habs gehört aus seinem Munde, und die ganze
>   Gemeinde.
>
> Jeronimus. Höllisch ists! - Erzähls genau.
>   Sprich, wie gestand ers?
>
> Kirchenvogt.   Auf der Folter.
>
> Jeronimus.   Auf
>   Der Folter? Sag mir seine Worte.
>
> Kirchenvogt.   Herr,
>   Die hab ich nicht genau gehöret, ausser eins.
>   Denn ein Getümmel war auf unserm Markte,
>   Wo er gefoltert ward, dass man sein Brüllen
>   Kaum hören konnte.
>
> Jeronimus.   Ausser eins, sprachst du;
>   Nenn mir das eine Wort, das du gehört.
>
> Kirchenvogt. Das eine Wort, Herr, war: Sylvester.
>
> Jeronimus. Sylvester! -- Nun, und was wars weiter?
>
> Kirchenvogt. Herr, weiter war es nichts. Denn bald darauf,
>   Als ers gestanden hatt, verblich er.
>
> Jeronimus.   So?
>   Und weiter weisst du nichts?
>
> Kirchenvogt.   Herr, nichts.
>   *Jeronimus bleibt in Gedanken stehn.*" (220)

Vielleicht meldet sich schon ein erster noch unbewusster Zweifel an der Glaubwürdigkeit dieses "Geständnisses". Aber Jeronimus glaubt noch, was der

Kirchenvogt sagt und übernimmt auch seine Einschätzung des Gesagten. Dies zeigen seine Aeusserungen Ottokar und Sylvester gegenüber, den er einen Mörder nennt (379 und 683). Nach dem vermeintlichen Anschlag Johanns auf Agnes ändert Jeronimus seine Meinung und schliesst mit Sylvester wieder Frieden (1070). Dies geschieht aber, ohne dass sich Jeronimus dabei an sein Gespräch mit dem Kirchenvogt erinnert, denn Jeronimus glaubt immer noch, dass die Folter etwas zutage bringen könne:

> "Jeronimus.　　　　Wie? Wenn er es nicht
> Gestehen will, macht mans wie die von Rossitz,
> Und wirft ihn auf die Folter.
>
> Sylvester.　　　　Nun? Und wenn
> Er dann gesteht, dass Rupert ihn gedungen?
>
> Jeronimus. So ists heraus, so ists am Tage. -
>
> Sylvester.　　　　So?
> Dann freilich bin ich auch ein Mörder." (1206)

Erst da ihn Sylvester auf die Folgen eines solchen Schrittes aufmerksam macht, sieht Jeronimus ein, dass Geständnisse auf der Folter nicht viel wert sind. Diese Einsicht zwingt er nun Eustache auf. Indem er vorgibt, Johann habe gestanden, er sei von Rupert zum Morden angestellt gewesen (1600), gerät Eustache in die gleiche Verlegenheit, in der sich auch Jeronimus befindet (1612). Jeronimus fordert nun Eustache auf, wörtlich zu sagen, was der "Mörder" Peters ausgesagt habe.

> "Eustache.　　　　Ach,
> Jeronimus, soll ich mich wahr dir zeigen,
> Ich weiss es nicht. Denn frag ich, heisst es stets:
> Er hats gestanden; will ichs wörtlich wissen,
> So hat, vor dem Geräusch ein jeder nur,
> Selbst Rupert nur ein Wort gehört: Sylvester.
>
> Jeronimus. Selbst Rupert? Ei, wenns nur dies Wort bedurfte,
> So wusste ers wohl schon vorher, nicht wahr?
> So halb und halb?
>
> Eustache.　　　　Gewiss hat ers vorher
> Geahndet. -
>
> Jeronimus.　　　　Wirklich? Nun so war auch wohl
> Dies Wort nicht nötig, und ihr hättet euch
> Mit einem Blick genügt." (1625)

Jeronimus deckt auf, dass einzig die Voreingenommenheit Ruperts bewirkt, dass das Wort "Sylvester" als Geständnis verstanden wird. Was Jeronimus Eustache vorgeführt hat, erklärt er nun Rupert:

> "Jeronimus.　　　　Ja, mir ists ein Rätsel,
> Wie dir, da es die Mörder selbst gestanden.
> Zwar ein Geständnis auf der Folter ist

Zweideutig stets - auch war es nur ein Wort,
Das doch im Grunde stets sehr unbestimmt. " (1722)

Glaubt Jeronimus, dass Rupert einem Missverständnis zum Opfer gefallen sei? Der scharfe Ton in seiner Rede verbietet diese Annahme. Jeronimus weiss, dass das Wort auf der Folter zweideutig ist und dass Rupert die unheilvolle Deutung vertritt. Das allein erregt seinen Zorn. Die Frage, ob Rupert listig diese Deutung wählte oder ob es für ihn nur diese eine gab, stellt er nicht.

Rupert seinerseits weiss auch, dass man Geständnisse verdrehen kann, aber er weiss nicht, dass man sie entstellen kann, ohne zu wissen, dass man sie entstellt. Deshalb betrifft sein Zweifel auch nur das Verhalten Sylvesters gegenüber dem "Geständnis" Johanns, nicht aber seine eigene Auffassung des Worts "Sylvester".

Doch Ruperts Annahme, dass Sylvester ein Wort Johanns entstelle, trifft nicht zu. Vielmehr bestätigt Jeronimus, dass Sylvester von Ruperts Unschuld überzeugt ist. Trotzdem wurde der Herold vom Volk getötet, das Sylvester nicht zurückhalten konnte, da er in einer Ohnmacht lag. Weil dieser Bericht so unwahrscheinlich ist, fasst ihn Rupert als blossen Vorwand auf, der Sylvester dazu diente, den Herold umzubringen.

Jeronimus hat die Mehrdeutigkeit des Geständnisses auf der Folter erkannt. Er hat aber nicht erfahren, dass das Verhängnisvolle der Mehrdeutigkeit nicht nur darin liegt, dass sie dem Bösen die Möglichkeit gibt, eine falsche Auslegung für die Wahrheit auszugeben, sondern auch darin, dass die für richtig gehaltene Auslegung falsch sein kann, dass also die Entstellung der Wahrheit nicht immer absichtlich geschieht.

c. "Sylvester"

Das eine Wort, das der Mann aus Warwand auf der Folter ausgesprochen hat, ist für Rupert nichts anderes als das Geständnis, dass Sylvester seinen Sohn Peter töten liess. Diese Auffassung ist für Rupert klar, unumstritten und eindeutig und entspricht seiner Erwartung.

Anders verhält es sich bei Jeronimus. Für ihn spricht das "Geständnis" gegen die Erwartung. Er will es deshalb wörtlich hören, das heisst, er will das, was auf der Folter gesagt wurde, von aller Auslegung, die ihm vielleicht beigefügt worden ist, loslösen.

Wir sehen, dass beide Haltungen, sowohl diejenige Ruperts, die wir die naive, als auch diejenige von Jeronimus, die wir die des Zweiflers nennen könnten, nicht etwa durch einen freien Entschluss gewählt werden, sondern sie ergeben sich beide aus der Art, wie das eine Wort sich zu dem verhält, was schon bekannt ist (A 32).

Wir haben gesehen, dass Jeronimus allmählich zu der Einsicht gelangt, dass ein Geständnis auf der Folter stets zweideutig (1725) und dass ein einziges Wort im Grunde immer sehr unbestimmt (1726) sei. Jeronimus sagt nicht, dass das Wort zweideutig sei, womit er anzeigt, dass er die Schwierigkeit sehr genau sieht. Das eine Wort (es ist ein Name) ist wirklich nicht zweideutig, denn es nennt eine Person, die allen bekannt ist (A 33). Zweideutig ist nicht das eine Wort, sondern das Geständnis auf der Folter. Gewiss, das Geständnis ist in unserem Fall nichts anderes als das eine Wort. Aber indem Jeronimus diesen Unterschied macht, zeigt er an, dass er zuerst davon absieht, dass das Geständnis nur aus einem Wort besteht. Jedes Geständnis auf der Folter ist zweideutig. Weshalb? Zweierlei ist zu beachten:

Einmal wird ein "Geständnis" auf der Folter niemals freiwillig, sondern immer unter stärkstem Zwang abgelegt. Der Gefolterte will sein Geheimnis nicht preisgeben, weshalb die Gefahr besteht, dass er lügt, um vorzutäuschen, dass er sein Geheimnis aufdecke. Und dann hat derjenige, der foltert, die Absicht, eine ganz bestimmte Antwort herauszupressen. Was immer der Gefolterte für eine Antwort geben mag (eine wahre oder eine gelogene), der Folterknecht hat längst schon über die "Wahrheit" des Geständnisses von sich aus entschieden, denn er will ja nur eines hören und sonst nichts.

Wir sehen, dass die Auskunft des Gefolterten keine Frage beantworten kann, denn die Voraussetzung dazu wäre, dass man für verschiedene Antworten offen wäre und dass Vertrauen herrschen würde. Was der Gefolterte sagt, kann wahr oder falsch sein, und es gibt kein Kriterium, das eine von dem anderen zu unterscheiden. Deshalb sagt Jeronimus, dass das auf der Folter Gesagte zweideutig sei.

Das eine Wort aber nennt er unbestimmt, das heisst: ohne Bestimmung, ohne Prädikation. Ein einzelnes Wort ist gar keine Aussage, kein Satz, es ist ein blosser Fetzen. Zwar kann ein Wort sehr Genaues aussagen, wenn es auf eine Frage antwortet. Es ist auch leicht zu erraten, welche Frage Rupert beantwortet haben wollte, aber davon, dass eine bestimmte Frage gestellt worden wäre, erfahren wir nichts. Zudem könnte der Gefolterte auch etwas sagen wollen, das sich nicht direkt auf die Frage bezieht. Aber er verliert das Bewusstsein und stirbt, bevor er seine Aussage beendet hat. So lässt die Unbestimmtheit des einen Wortes eine Vielzahl von wahren oder falschen Auffassungen zu, und es gibt kein Kriterium, das eine vom andern zu unterscheiden.

Das "Geständnis" ist also aus zwei Gründen unzuverlässig: Einmal, weil es auf der Folter gemacht wurde und dann, weil es nur aus einem Wort besteht. Es gibt die Meinung dessen, der das eine Wort ausgesprochen hat, nicht bekannt. Deshalb zeigt jede bestimmte Auffassung des einen Wortes (etwa als Geständnis) nur die Absicht des Hörers, und nicht die Meinung des Sprechers.

Daher ist auch einzig derjenige, der erkennt, dass das eine Wort nichts Bestimmtes aussagt, auf dem Weg zur Wahrheit.

<u>d. Santing</u>

Im zweiten Auftritt des dritten Akts haben wir erfahren, dass Rupert Santing den Auftrag gegeben hat, dafür zu sorgen, dass Jeronimus vom Volk überfallen und getötet wird. Nun will Rupert die Verantwortung für diese Tat nicht übernehmen und schiebt sie auf Santing ab, indem er vorgibt, er habe seinen Befehl nicht richtig ausgeführt:

"Rupert *zu Santing.*
  - Kein Wort, sag ich, wenn dir dein Leben lieb!
  Du hast ein Wort gedeutet, eigenmächtig,
  Rebellisch deines Herren Willen missbraucht -
  - Ich schenk dirs Leben. Fort! Tritt ab." (1856)

Santing weiss natürlich, dass er den Befehl Ruperts nicht eigenmächtig gedeutet hat. Deshalb versteht er auch, dass diese Sätze nicht das meinen, was sie
direkt aussagen (V 33), sondern blosser Vorwand dafür sind, dass Rupert ihn als
Mörder des Jeronimus einsperren lassen kann.

Wir sehen, dass Rupert gleich wie Hermann eine sprachliche Erscheinung
einsetzt, um seine bösen Absichten durchzusetzen. Beide machen von dem Wissen, dass Missverständnisse möglich sind, Gebrauch und behaupten, dass ein
Missverstehen vorliege, wo keines vorliegt. Die Art des Missverstehens ist aber
nicht in beiden Fällen dieselbe. Hermann arbeitet mit einem Missverstehen, das
die Lautgestalt eines Wortes betrifft, während Rupert ein Missverstehen ausnützt,
das den Sinn des Gesagten betrifft.

e. Das Versehen

Ursula nennt am Schluss des Trauerspiels die Greueltaten, die geschehen
sind, ein Versehen und nimmt damit die Frage nach dem Grund des Uebels (dass
Hass und Misstrauen die Beziehungen zwischen den Verwandten bestimmen) wieder
auf (V 67):

"Ursula. Wenn ihr euch totschlagt, ist es ein Versehen." (2705)

Gewöhnlich nennen wir einen belanglosen Irrtum ein Versehen, nicht aber
Mord und Totschlag. Auf die Frage, wie das hier gemeinte Versehen zu verstehen
sei, können uns die Worte Johanns Auskunft geben:

"Johann.   Der Teufel hat im Schlaf die beiden
  Mit Kohlen die Gesichter angeschmiert,
  Nun kennen sie sich wieder." (2718)

Zunächst sind die Gesichter schwarz. Dann aber wird erkannt, dass sie
nicht schwarz, sondern angeschwärzt sind. Die Gesichter scheinen nur schwarz
zu sein. Dieser Erkenntnis auf der Seite des Gegenstandes entspricht eine Erkenntnis auf der Seite des Betrachters. Das Schwarz-sehen wird als Versehen,
als falsches Sehen erkannt. "Schwarz-sehen" heisst einmal "Schwarzes sehen",
dann aber auch "auf schwarze Weise sehen". Kleist spricht zunächst nur davon,
dass die Gesichter angeschwärzt sind. Nach unserem Verständnis des Zusammenhangs zwischen dem Gegenstand und dem Betrachter sollten aber auch die Augen
angeschwärzt sein. Wenn die Gesichter angeschwärzt sind, sind damit auch die
Augen angeschwärzt. Die Augen sehen schwarz, weil sie durch die schwarze Far-
be hindurchsehen. "Das Gesicht ist schwarz" heisst jetzt nicht nur "das Antlitz
ist schwarz", sondern auch "das Sehvermögen ist schwarz".

Unsere Interpretation zeigt den engen Zusammenhang zwischen dem Schluss der "Familie Schroffenstein" und dem Augengleichnis (II 634, 7), das Kleist in seinem Brief an Wilhelmine vom 22. März 1801 mitteilt (A 34).

5. Penthesilea

Beim Lesen der "Penthesilea" fallen uns zwei sprachliche Erscheinungen auf. Nachdem Penthesilea Achill ermordet hat, bringt sie kein Wort hervor und gibt den Amazonen ihre Gedanken durch Gesten bekannt (a. Penthesileas Schweigen). Und nachdem die Amazonenkönigin die Sprache wieder gefunden hat, nennt sie ihre Tat ein Versehen (b. Das Versehen).

a. Penthesileas Schweigen

Bei der Besprechung der Briefe konnten wir feststellen, dass die lautesten Klagen über die Unzulänglichkeit der Sprache selbst sprachliche Aussagen waren, und dass Kleist, trotz der Beteuerung, dass Mitteilung nicht möglich sei, immer wieder versuchte, sich in den Briefen mitzuteilen. Diese Klagen sind, solange sie ausgesprochen werden und im Zusammenhang einer Mitteilung stehen, sich selbst auf gewisse Weise widersprechend.

Die Klage erhält aber dort plötzlich ihre volle Ueberzeugungskraft, wo Kleist von einem Brief spricht, den er nicht abgeschickt hat (V 29). Kleist unterlässt es, von "Briefen" zu sprechen, die nie geschrieben wurden. Aber wir sehen trotzdem, dass sich die grössten Schwierigkeiten im Umgang mit der Sprache niemals an Gesprochenem oder Geschriebenem aufzeigen lassen. Es fragt sich freilich, was wir über das, was nicht gesagt werden konnte, noch aussagen können. Wir können die ungeschriebenen "Briefe" Kleists nicht besprechen, denn von ihnen ist ihrem Wesen nach nichts vorhanden.

Anders ist es bei Penthesilea. Sie spricht nicht, und doch teilt sie etwas mit. Die Sprache der Worte ist verstummt, aber Penthesilea spricht in der Sprache der Gesten.

Im 23. Auftritt erzählt Meroe, wie sie sah, dass Penthesilea Achill tötete und zerfleischte. Dann fährt Meroe fort:

> "Meroe. Jetzt steht sie lautlos da, die Grauenvolle,
> Bei seiner Leich, umschnüffelt von der Meute,
> Und blicket starr, als wärs ein leeres Blatt,
> Den Bogen siegreich auf der Schulter tragend,
> In das Unendliche hinaus, und schweigt.
> Wir fragen mit gesträubten Haaren, sie,
> Was sie getan? Sie schweigt. Ob sie uns kenne?
> Sie schweigt. Ob sie uns folgen will? Sie schweigt.
> Entsetzen griff mich, und ich floh zu euch." (2695)

Der starre Blick und das beharrliche Schweigen zeigen Meroe an, dass Penthesilea abwesend ist.

Zu Beginn des 24. Auftritts tragen die Amazonen Achills Leiche auf die Bühne. Penthesilea folgt ihnen, "bekränzt mit Nesseln, ... dem dürren Reif des Hagdorns eingewebt" (2705). Sie ist immer noch von einer Lähmung des Geistes beherrscht, die zwar nicht wie bei der Ohnmacht vollständig ist, sondern nur einen Teil ihres Gemüts betrifft. Da Penthesilea zwar nicht sprechen kann, aber trotzdem eine Meinung hat, muss sie diese Meinung mit Gesten bekanntgeben:

"Die zweite Amazone.
   Sie winket immer fort –

Die dritte.   Winkt immer wieder –

Die erste. Winkt immer zu der Priestrin Füssen nieder –

Die zweite. Seht, seht!

Die Oberpriesterin.   Was willst du mir? hinweg, sag ich!
   Geh zu den Raben, Schatten! Fort! Verwese!
   Du blickst die Ruhe meines Lebens tot.

Die erste Amazone.
   Ha! man verstand sie, seht –

Die zweite.   Jetzt ist sie ruhig.

Die erste. Den Peleïden sollte man, das wars,
   Vor der Dianapriestrin Füssen legen." (2718)

Nun sehen wir, wie Penthesilea den Pfeil, mit dem sie Achill tötete, sorgfältig reinigt und wieder in den Köcher steckt, wie sie es zu tun gewohnt ist (2746). Das Gewohnte dieser Handlung gibt der Gefährdeten einen leichten Halt. Die Amazonen machen einander darauf aufmerksam, was Penthesilea tut und wie sie es tut, wodurch die Gebärden der Amazonenkönigin für den Zuschauer oder Leser gleichsam kommentiert werden.

Jede Bewegung der Penthesilea ist bedeutsam. Aber nicht alles, was geschieht, ist eine Aeusserung Penthesileas. Wir wechseln deshalb den Gesichtspunkt, wenn wir nun darauf achten, dass der Dichter mit der Art, wie er die Amazonen den Fall des Bogens beschreiben lässt, auf den Tod der Penthesilea vorausweist:

"Penthesilea. *Ein Schauer schüttelt sie zusammen;*
   sie lässt den Bogen fallen.

Die Oberpriesterin. O die Entsetzliche!

Prothoe *erschrocken.*   Nun, was gibts?

Die erste Amazone.
   Der Bogen stürzt' ihr aus der Hand danieder!

Die zweite.
   Seht, wie er taumelt –

Die vierte.   Klirrt, und wankt, und fällt –!

<u>Die zweite</u>. Und noch einmal am Boden zuckt -

<u>Die dritte</u>.   Und stirbt,
  Wie er der Tanaïs geboren ward. " (2768)

Die Oberpriesterin, die Penthesilea streng verurteilt, wendet sich ihr
jetzt plötzlich zu und vergleicht sie mit Tanaïs, der Stifterin des Amazonen-
staates. Die rücksichtsvoll lobenden Worte der Oberpriesterin bewegen Penthesilea
im Innersten ihrer Seele:

"<u>Die erste Amazone</u>.
  Sie schweigt -

<u>Die zweite</u>.   Ihr Auge schwillt -

<u>Die dritte</u>.   Sie hebt den Finger,
  Den blutigen, was will sie - Seht, so seht!

<u>Die zweite</u>. O Anblick, herzzerreissender, als Messer!

<u>Die erste</u>. Sie wischt sich eine Träne ab. " (2779)

Das Weinen als unwillkürlicher Ausdruck der Seele unterscheidet sich von
der willkürlichen Geste, mit der Penthesilea ihre Absicht bekanntgibt (A 35).
  Der Versuch der Oberpriesterin, Penthesileas Vertrauen zu erwerben,
misslingt. Nun nimmt sich Prothoe ihrer geliebten Königin an. Penthesilea
"*sieht sich um, wie nach einem Sessel*" (2796). Die Amazonen verstehen
ihren Wunsch und wälzen ihr einen Stein herbei.
  Prothoe fragt nun Penthesilea, ob sie sie erkenne (2798). Darauf erheitert
sich Penthesileas Antlitz ein wenig. Was in der Seele der Amazonenkönigin vor-
geht, erfahren wir erst später: Sie hält Prothoe für eine Nymphe, die die Züge
von Prothoe trägt (2845). Prothoe macht ihrer geliebten Königin den Vorschlag,
sich zu reinigen (2805). Durch ein Nicken gibt diese ihr Einverständnis bekannt.
Und wie es die erste Priesterin vermutet (2811), besinnt sich Penthesilea, sobald sie sich gereinigt hat:

"<u>Penthesilea</u> *lässt sich von ihrem Sitz auf Knien vor das Becken*
  niederfallen, und begiesst sich das Haupt mit Wasser.

<u>Prothoe</u>. Sieh da! Du bist ja traun recht rüstig, Königin!
  - Das tut dir wohl recht wohl?

<u>Penthesilea</u> *sie sieht sich um*. Ach Prothoe!
  Sie begiesst sich von neuem mit Wasser.

<u>Meroe</u> *froh*. Sie spricht!

<u>Die Oberpriesterin</u>.   Dem Himmel sei gedankt!

<u>Prothoe</u>.   Gut, gut!

<u>Meroe</u>. Sie kehrt ins Leben uns zurück!

<u>Prothoe</u>.   Vortrefflich!
  Das Haupt ganz unter Wasser, Liebe! So!
  Und wieder! So, so! Wie ein junger Schwan! -

Meroe. Die Liebliche!

Die erste Priesterin. Wie sie das Köpfchen hängt!

Meroe. Wie sie das Wasser niederträufeln lässt!

Prothoe. - Bist du jetzt fertig?

Penthesilea.　　　　　Ach! - Wie wunderbar." (2827)

Penthesilea wäscht sich das Blut von den Händen und taucht den Kopf in das lebenspendende Wasser. Dadurch reinigt sie sich nicht von der Tat, die sie begangen hat, aber das Wasser bewirkt doch eine Besserung. Die Königin kann nun wieder sprechen, sie kehrt ins Leben und zu den Amazonen zurück, die Sprache verbindet sie wieder mit ihnen.

Penthesilea trat mit ihrer unmenschlichen Tat aus dem Bereich, in dem sich die Menschen aufhalten, hinaus. Dass Penthesilea diesen Bereich der menschlichen Sprache verlassen hat, zeigt sich sowohl daran, dass sie selbst nicht mehr sprechen kann, als auch daran, dass sie nicht mehr genannt werden kann. Meroe spricht von ihr als einer, "die fortan kein Name nennt" (2607) und die Oberpriesterin spricht sie mit den Worten an: "... du - Mensch nicht mehr, wie nenn ich dich?" (2731).

Erst dadurch, dass sich Penthesilea im Wasser reinigt, verliert das Ungeheure ihrer Tat an Macht. Die Amazonenkönigin kehrt zu den Menschen zurück und findet die Sprache wieder. Aber auch jetzt hat sie die Besinnung noch nicht ganz wiedergewonnen, denn sie glaubt, in Elysium zu sein und weiss nicht, was mit ihr geschehen ist (2866).

b. Das Versehen

In der "Familie Schroffenstein" bezeichnet Ursula die ungeheuren Taten anderer als Versehen. Hier nennt Penthesilea selbst ihre eigene Tat ein Versehen:

"Penthesilea.　　　　　Küsst ich ihn tot?

Die erste Priesterin.　　　　　O Himmel!

Penthesilea. Nicht? Küsst ich nicht? Zerrissen wirklich? sprecht?

Die Oberpriesterin. Weh! Wehe! ruf ich dir. Verberge dich!
Lass fürder ewge Mitternacht dich decken!

Penthesilea. - So war es ein Versehen. Küsse, Bisse,
Das reimt sich, und wer recht von Herzen liebt,
Kann schon das eine für das andre greifen.

Meroe. Helft ihr, ihr Ewgen, dort!

Prothoe *ergreift sie.*　　　　　Hinweg!

Penthesilea.　　　　　Lasst, lasst!
Sie wickelt sich los, und lässt sich auf Knien vor der Leiche nieder.

Du Aermster aller Menschen, du vergibst mir!
Ich habe mich, bei Diana, bloss versprochen,
Weil ich der raschen Lippe Herr nicht bin,
Doch jetzt sag ich dir deutlich, wie ich's meinte:
Dies, du Geliebter, wars, und weiter nichts.
Sie küsst ihn. " (2977)

Penthesilea, die das Bewusstsein dessen, was geschehen ist, verloren hat, erfährt von den Amazonen, dass sie es war, die Achill umgebracht hat, und sie bestätigen ihr, dass sie ihn auch mit ihren Zähnen zerrissen hat. Die Bestätigung geschieht weniger durch die direkte Bejahung ihrer Vermutung, als durch die Ausrufe der Amazonen, die ihr Entsetzen ausdrücken.

Penthesilea nennt nun die Tat, die sie in ihrer besinnungslosen Raserei begangen hat, ein Versehen und sagt, dass sie sich damit bloss versprochen habe. Wer sich versprochen hat, und dies sogar ausdrücklich sagt, nimmt das irrtümlich Gesagte zurück und muss nun sagen, was er sagen wollte, was er eigentlich meinte. Mit "dies" (2989) kann deshalb nur das gemeint sein, was Penthesilea eigentlich wollte, nämlich der Kuss (A 36). Der Regisseur kann das verdeutlichen, indem er die Schauspielerin anweist, so zu spielen:

"Dies (*sie küsst ihn*), du Geliebter, wars, und weiter nichts."

Penthesilea hat sich "bloss versprochen" (2986). Jedes Versprechen ist immer ein blosses Versprechen, nichts anderes als ein Versprechen. Der Biss ist ein Versprechen, und sonst nichts. Das heisst hier: nicht etwa im vollen Ernst gemeint. Damit wird das Versprechen als Versprechen von absichtlich Gesagtem abgehoben. Was Penthesilea eigentlich meinte, ist der Kuss, "und weiter nichts", nichts anderes, nicht etwa der Biss. Wir sehen, dass das eigentlich Gemeinte und die versehentliche Tat gegenseitig voneinander abgehoben werden. Dies ist deshalb nötig, weil die Gefahr besteht, dass das Geschehene als in freier Absicht Gewolltes aufgefasst werden könnte.

Penthesilea nennt ihr Versehen auch ein Versprechen. Wie verhalten sich die beiden zueinander? Zunächst scheint es, als ob das Versehen ein irrtümliches Sehen, das Versprechen ein irrtümliches Sprechen wäre. Dann würden sie einander ausschliessen. Nun wird aber dasselbe sowohl ein Versehen als auch ein Versprechen genannt. Das Versprechen ist eine Art des Versehens. Wir stellen fest, dass das Versehen (im engeren Sinn) zwar ein irrtümliches Sehen sein kann. Aber mit Versehen (im weiteren Sinn) meinen wir auch einen Irrtum, der im Hinblick auf den Sinn, der uns täuscht, nicht näher bestimmt ist. Das hängt damit zusammen, dass das Sehen seit alters nicht nur die Tätigkeit des Gesichtssinnes, sondern auch die Tätigkeit des Geistes überhaupt bezeichnet. Steht also das Versehen im engeren Sinn dem Versprechen gegenüber? Auch nicht direkt! Denn das Versehen (im engeren Sinn) ist eine Sinnestäuschung, was für das Versprechen nicht zutrifft. Direkt neben dem Versehen als einer Täuschung des Gesichtssinnes steht das Sichverhören, die Täuschung des Gehörs. (Das Sichverlesen ist eine spezielle Art des Sichversehens im engern Sinn). Das Versprechen dagegen gehört in den Bereich der irrtümlichen Handlungen. (Handlung ist hier als aktive so gefasst, dass die "passive Tätigkeit" der Sinne, wie Sehen und Hören, ausgeschlossen sind.)

Die verschiedenen irrtümlichen Tätigkeiten und Handlungen können wir auch "Fehlleistungen" nennen, wenn wir sie von dem ursprünglich Beabsichtigten her beurteilen.

Nach dieser allgemeinen Betrachtung wenden wir uns nun dem Versprechen der Penthesilea zu. Es besteht darin, dass sie Achill mit ihren Zähnen zerreisst, statt ihn zu küssen. Die Fehlleistung Penthesileas betrifft also nicht ihr Sprechen, sondern ihr Tun. Weshalb sagt sie denn, dass sie sich versprochen habe? Küssen und Beissen sind Tätigkeiten des Mundes. Den Mund brauchen wir aber auch zum Sprechen. Penthesilea selbst erwähnt aber nicht den Mund als Bindeglied zwischen dem Sprechen einerseits und dem Küssen und Beissen andrerseits, sondern die Wendung "der raschen Lippe Herr sein" (2987). Als weitere Anspielungen auf die Nähe des Beissens und Küssens zum Sprechen kann aufgeführt werden, dass Penthesilea den Reim "Küsse-Bisse" (2981) und die Redensart "vor Liebe essen können" (2993) zur Erklärung beizieht.

Auf den Reim und die Redensart kommen wir nun aber noch in einer anderen Hinsicht zu sprechen: Penthesilea erwähnt sie, um den Amazonen ihre Tat verständlich zu machen. Sie will damit auch erklären, dass ihr Verhalten ein blosses Versprechen war. Gewöhnlich ist ein Versprechen eine belanglose Fehlleistung, die sofort als solche erkannt und entschuldigt wird, ohne dass dies eigens gesagt wird, denn eine Fehlleistung ist nicht der Rede wert. Anders dagegen bei Penthesilea: Was sie getan hat, ist nichts weniger als ein belangloser Irrtum. Indem sie ihren grausamen Mord aber trotzdem als blosses Versprechen bezeichnet, zeigt sie ihr Bemühen, sich zu entschuldigen.

Bevor wir uns fragen, weshalb Penthesilea sich zu entschuldigen versucht, beachten wir, wie sie es tut. Dass ihre Tat ein Versprechen war, erklärt sie mit dem Reim und der Redensart.

Penthesilea sagt: "Küsse, Bisse, das reimt sich" (2981). Was sich reimt, sind die blossen Wörter "Küsse" und "Bisse". Mit Absicht drückt sich Penthesilea aber so aus, dass der Anschein erweckt wird, als ob Küsse und Bisse, also das, was die Wörter meinen, sich reimen, und das heisst jetzt: verwechselbare Aehnlichkeit haben würden. Penthesilea stützt ihre Erklärung, dass sie sich wegen des Reimes versprochen habe, auf die Zusammengehörigkeit zwischen der Lautgestalt des Wortes und dem, was es meint. Diese Zusammengehörigkeit ist aber nur eine scheinbare. In Wahrheit haben zwei Tätigkeiten, deren Bezeichnungen sich ähnlich sind, nicht mehr Aehnlichkeit als zwei Tätigkeiten, deren Bezeichnungen sich nicht ähnlich sind. Dass Penthesilea sich auf den Reim der Wörter beruft, kann deshalb nur bedeuten, dass sie sich mit etwas zu entschuldigen sucht, was niemals als Entschuldigung dienen kann.

Aehnlich verhält es sich mit der Redensart, die Penthesilea zu ihrer Entlastung anführt:

"Penthesilea. Wie manche, die am Hals des Freundes hängt,
  Sagt wohl das Wort: sie lieb ihn, o so sehr,
  Dass sie vor Liebe gleich ihn essen könnte;
  Und hinterher, das Wort beprüft, die Närrin!
  Gesättigt sein zum Ekel ist sie schon.
  Nun, du Geliebter, so verfuhr ich nicht.
  Sieh her: als ich an deinem Halse hing,

Hab ichs wahrhaftig Wort für Wort getan;
Ich war nicht so verrückt, als es wohl schien.

Meroe. Die Ungeheuerste! Was sprach sie da?" (2991)

Was in der Redensart blosse Möglichkeit ("könnte") ist, hat Penthesilea
in Wirklichkeit getan. Ihre Tat erscheint als Verwirklichung der Redensart. Es
mag vorkommen, dass Bisse und Küsse verwechselt werden, und Bisse mögen
auch als Beginn des Aufessens genommen werden, aber das alles macht es deshalb noch längst nicht verständlich, wie es geschehen konnte, dass Penthesilea
Achill zerrissen hat, sondern zeigt vielmehr, dass diese Tat unverständlich bleiben muss, dass es die Tat einer Verrückten war.

Indem Penthesilea ihren Mord als ein Versehen erklärt und dies mit dem
Reim und der Redensart begründet, will sie zeigen, dass sie nicht so verrückt
war, wie es schien (2999). Aber in Wahrheit verhält es sich gerade umgekehrt:
Alles, was Penthesilea vorbringt, ist blosser Schein, dem es nicht gelingt, das
Ungeheure ihrer Tat zu verhüllen.

Wir fragen uns nun noch, wie wir das so erfolglose Bemühen der Penthesilea, sich von ihrer Tat zu entlasten, auffassen sollen. Penthesilea will nicht
nur sich entschuldigen, sondern sie will ihr Tun auch den Amazonen und ihr selbst
verständlich machen. Sie selbst soll fassen, was sie tat. Doch dies ist offenbar
nur möglich, wenn sie sich das Ungeheure in abgeschwächter Form aneignen kann.
Penthesilea ist erst aus tiefem Schweigen aufgewacht, sie kann jeden Augenblick
wieder in die Umnachtung zurücksinken. Dies wird nur verhindert durch den tröst-
lichen Schein und die Milderung, die Penthesilea über ihre eigene Tat verbreitet,
bis sie mit ihrem stumm gewählten Tod zeigt, dass es für sie in Wahrheit keine
Entschuldigung gibt, und dass der Tod die einzige Sühne für ihre Tat sein kann.

Anhang: Das Sprachversehen

Ein Epigramm der zweiten Reihe lautet:

"Das Sprachversehen
Was! Du nimmst sie jetzt nicht, und warst der Dame versprochen?
Antwort: Lieber! Vergib, man verspricht sich ja wohl." (I 23)

Der Bräutigam versucht sich dadurch zu entschuldigen, dass er sein Verhalten als Versprechen bezeichnet. Wie Penthesilea gibt er einer ernsten Angelegenheit den Anschein einer belanglosen Fehlleistung. Penthesilea beging ihre
Tat in einem Zustand, während dessen sie nicht Herr über das war, was sie tat.
Der Bräutigam dagegen hat seine "Tat" bei vollem Bewusstsein begangen. Und noch
in einer weiteren Hinsicht unterscheidet sich Penthesileas Versprechen von dem-
enigen des Bräutigams: Das "Versprechen" der Penthesilea ist ein irrtümliches
Handeln, das Versprechen des Bräutigams ist ein irrtümliches Sprechen.

Nun liegt der Witz des Epigramms darin, dass das, was der Bräutigam
nachträglich als ein Sichversprechen bezeichnet, ein Versprechen ist, zunächst
natürlich im Sinn des Gelobens. Er hat sich mit der Dame verlobt. Nun erweist
sich die Verlobung als Fehler, sie wird aufgelöst. Damit gerät der Bräutigam in

die peinliche Lage, einen Fehler eingestehen zu müssen. Doch er hat Glück. In der Frage wird sein Gelöbnis als "Versprechen" bezeichnet. Er ergreift die Gelegenheit und antwortet, dass er sich eben versprochen habe. Niemand wird bezweifeln, dass ein Versprechen ein Versprechen ist. Die Aussage des Bräutigams scheint einen Augenblick lang zu überzeugen. Natürlich glaubt niemand im Ernst, dass das Gelöbnis des Bräutigams ein blosses Versehen war. Aber die verschiedenen Wörter "versprechen" (geloben) und "versprechen" (irrtümlich sprechen) sehen gleich aus. Wie in der "Penthesilea" durch den Reim "Küsse - Bisse" (V 78), entsteht hier durch das gleiche Aussehen der beiden Wörter der Schein, dass auch das, was sie bedeuten, zusammengehöre. Dieser Schein spricht für die Absicht des Bräutigams und scheint ihn zu entschuldigen. Freilich werden wir ihm kaum zugestehen, dass ihm diese Entschuldigung auch wirklich gelungen ist. Aber eines müssen wir ihm lassen: Er hat sich mit seinem Witz glänzend aus der peinlichen Lage herausgehoben.

Kleist gibt seinem Epigramm nicht etwa die zweideutige Ueberschrift "Das Versprechen", sondern er wählt den Titel "Das Sprachversehen". Das Sprachversehen ist ein Versehen, das das Sprechen betrifft, ein Sichversprechen. Der Titel bewirkt, dass wir erwarten, im Epigramm sei von einer sprachlichen Fehlleistung die Rede. Inwiefern spricht das Epigramm von einem Sprachversehen? Es ist nicht ein Sprachversehen geschehen, sondern etwas, das gar kein Sichversprechen ist, wird als solches bezeichnet. Wir sehen, dass der Titel dieselbe Absicht verfolgt wie die Antwort des Bräutigams.

Da es möglich ist, dass man sich verspricht, wird, freilich im Scherz, behauptet, dass ein Sicherversprechen vorliege, wo dies gar nicht zutrifft.

Dieses Vorgehen des Bräutigams erinnert uns an Hermanns Verrat an Varus (V 65). Beide, Hermann und der Bräutigam, verwenden eine sprachliche Erscheinung, um ihre Absicht durchzusetzen. Ein erster Unterschied besteht darin, dass Hermann mit einem Sichverhören, der Bräutigam aber mit einem Sichversprechen arbeitet. Einen weiteren Unterschied sehen wir darin, dass Hermann zwei ähnlich lautende Wörter, der Bräutigam dagegen zwei völlig gleich lautende Wörter zu seinem Zweck einsetzt. Und ein dritter Unterschied liegt darin, dass die von Hermann benutzten Wörter Namen (Ortsnamen), die vom Bräutigam gebrauchten Wörter aber Appellative sind.

Fragen wir nun noch nach Stellen in Kleists Werk, wo diese sprachlichen Erscheinungen (gleich oder ähnlich lautende Wörter) nicht zu einem Betrug eingesetzt werden, sondern zu richtigen Missverständnissen führen! Für den Bereich der ähnlichen Namen können wir auf den "Findling" verweisen (V 58). Für den andern Bereich finden wir eher Beispiele, wenn wir statt von gleichlautenden Wörtern von einem Wort, das verschiedene Bedeutung haben kann, sprechen. Hier dürfen wir das auf der Folter ausgesprochene Wort "Sylvester" anführen (V 71), wenn wir zweierlei beachten: Einmal handelt es sich bei diesem Wort um einen Personennamen und zum andern ist dieses Wort nicht zweideutig, weil es zwei Bedeutungen hat (was beim Namen heissen würde, dass ihn zwei verschiedene Personen tragen), sondern weil es in verschiedenen Zusammenhängen steht.

Fassen wir die wichtigsten Unterscheidungen nochmals zusammen:
1. Den richtigen Missverständnissen steht die zum Betrug verwendete Möglichkeit des Missverstehens gegenüber.

2. Namen und Appellative verhalten sich nicht gleich (A 28).
3. Wir unterscheiden zwischen den ähnlich und den gleich lautenden Wörtern. Statt von zwei gleich lautenden Wörtern können wir auch von einem Wort mit zwei verschiedenen Bedeutungen sprechen. Dann wird auch der Uebergang zu der allgemeinen Mehrdeutigkeit der Wörter (oder ganzer Aussagen) sichtbar.

Es würde sich nichts Neues mehr zeigen, wenn wir nun die besprochenen sprachlichen Erscheinungen aus dem Bereich der trügerischen Wörter nochmals auf die gewonnenen Unterscheidungen hin untersuchen würden. Wir haben genug gewonnen, wenn wir nicht übersehen, welche Vielfalt von solchen Erscheinungen bei Kleist vorliegt.

6. Der zerbrochne Krug

Adam bemüht sich, seinen nächtlichen Besuch bei Eve zu verheimlichen. Dazu bedient er sich der verschiedensten Mittel. Doch diese führen ihn nicht zum Erfolg, weil sie als solche bekannt werden und so Adam verraten. Was Adam sagt, ist deshalb häufig doppeldeutig. Indem Kleist Adam so sprechen lässt, zeigt er, dass er wie sein Freund Rühle auch sagen kann, was er nicht sagt (V 33). Das vieldeutige Sprechen Adams ist unser Thema bei der Besprechung des Lustspiels (A 37).

Adam

Adam befindet sich in einer dauernden Notlage. Er wird ständig herausgefordert, zuerst von Licht, dann vom Ablauf der Gerichtsverhandlung. Da Adam keine Zeit hat, seine Lügen vorzubereiten, ist sein Vorgehen nicht durch kalte Berechnung, sondern durch Improvisation gekennzeichnet. Dabei gelingt es ihm aber nicht, die Gelassenheit dessen, der die Wahrheit sagt, vorzutäuschen, da ihm die Kaltblütigkeit des Betrügers fehlt, der mit Erfolg die Unwahrheit als Wahrheit ausgibt. Adam wird von der ständigen Angst bedrückt, sein Betrug könnte ans Licht kommen. Das macht ihn nervös, seine Zerstreutheit vergrössert sich in dieser Lage, was auch Walter feststellt:

"Walter. Ihr seid ja sonderbar zerstreut." (557)

Adam ist mit seinem beschränkten Geist den Anforderungen, die eine konsequent durchzuführende Taktik an ihn stellt, nicht gewachsen. Er gibt sich Blössen, die er wieder beseitigen muss. Er erfindet neue Lügen, die aber ebenso verdächtig sind, wie diejenigen, die sie bestätigen sollen. Adam steigert seinen Eifer bis zum Uebereifer. Das fällt auch dem Gerichtsrat auf:

"Walter. Von Eurer Aufführung, Herr Richter Adam,
  Weiss ich nicht, was ich denken soll. Wenn Ihr selbst
  Den Krug zerschlagen hättet, könntet Ihr
  Von Euch ab den Verdacht nicht eifriger
  Hinwälzen auf den jungen Mann, als jetzt. -" (820)

Adam lenkt den Verdacht gerade durch seinen Uebereifer auf sich: qui s'excuse s'accuse. Er verrät seine Absicht dadurch, dass er sie sich als Absicht zeigen lässt. Sobald es auskommt, dass seine Aussagen nicht von der Sache, sondern von einer egoistischen Absicht her bestimmt sind, wird er verdächtig. Man nimmt nicht mehr als selbstverständlich an, dass er die Wahrheit sagt, sondern unterwirft jede seiner Aeusserungen dem Zweifel. Das Vertrauen ist gebrochen. Eine Taktik, die sich als blosse Taktik erweist, hat ausgespielt.

Dem Bemühen Adams schadet aber nicht nur sein Uebereifer, sondern auch, dass er von Zeit zu Zeit seine Taktik vergisst. Immer wieder macht er Bemerkungen zu dem, was er sagt. So zum Beispiel: "Jetzt weiss ichs." (51) oder: "... ich weiss nun schon." (244). Diese Bemerkungen werden anfangs von den Zuhörern gar nicht, dann aber, im Verlauf des steigenden Verdachts, als das verstanden, was sie sind: ein Kommentar Adams zu seiner eigenen Taktik.

Adam macht aber auch Bemerkungen zu Aeusserungen anderer Personen. So sagt er, da Ruprecht vom Sand, der ihm in die Augen geworfen worden ist, berichtet: "Verdammt! Der traf!" (1022). Adam kann seine Freude, dass ihm etwas gelungen ist, nicht für sich behalten. Aber auch seine Befürchtungen spricht er aus: "Die werden mich doch nicht bei mir verklagen?" (500). Sei es, dass Adam, ohne es zu wollen, laut denkt, sei es, dass er nicht merkt, dass er solche wahre Bemerkungen für sich behalten müsste - jedenfalls fällt er damit aus der Rolle des Lügners.

Dadurch, dass er seine Taktik bald übertreibt und sie bald wieder vergisst, macht er sie als solche durchschaubar und verrät sich damit.

Eine gewisse Aehnlichkeit mit den wahren Zwischenbemerkungen haben die Aussagen, mit denen Adam beteuert, dass er die Wahrheit sage. Adam weiss nicht, wie sein Gesicht mit den Verletzungen aussieht und bekräftigt: "Ich müsst ein Lügner sein -" (33). Oder er erzählt seinen Traum und bestätigt das Gesagte mit den Worten: "So wahr ich ehrlich bin." (274). Adam hat an diesen Stellen keinen Grund zu lügen. Die Aeusserungen sind hier denn auch so verwendet, wie man solche oder ähnliche Beteuerungen gewöhnlich gebraucht, nämlich um zu betonen, dass man die Wahrheit sagt. Auch die Magd (231) und Frau Brigitte (1787) verwenden solche Ausdrücke.

Nun befindet man sich aber mit solchen Beteuerungen in einer eigenartigen Verlegenheit, denn die Beteuerung könnte ja selbst wieder gelogen sein. Die Frage, ob ein Satz die Wahrheit sage, kann nie durch den Satz selbst beantwortet werden. Worauf soll man sich also stützen, was soll man vorzeigen, um die Wahrheit seiner Aussage zu belegen? Der Sachverhalt selbst lässt sich meistens nicht vorlegen. Die Möglichkeit, Gott als Zeugen anzurufen, kann in neueren Zeiten nicht mehr gewählt werden, da der Glaube an die göttliche Bestrafung des Lügners nicht mehr unerschüttert ist. Es bleibt also nur noch eines: Man beruft sich auf seine Ehrlichkeit und hebt damit ausdrücklich hervor, dass der Lügner das Vertrauen verliert.

Adam verwendet solche Beteuerungen aber auch, um eine Lüge als Wahrheit auszugeben: "Der Teufel soll mich holen!" (249). Dieser Ausruf soll bestätigen, dass die Katze wirklich in die Perücke gejungt habe. Die Beteuerung der Lüge kann selbst nicht von der Beteuerung der Wahrheit unterschieden werden. Erst wenn der Verdacht gegen Adam wach ist, zeigt sich, dass auch seine Beteuerungen gelogen sein könnten. Wir sehen, dass die Beteuerung darauf beruht, dass derjenige, der etwas beteuert, seine Ehrlichkeit nicht verlieren und sich nicht dem Teufel verschreiben will. Das trifft aber gerade beim Lügner nicht zu, der deshalb auch ohne Bedenken seine Ehrlichkeit ausdrücklich aufs Spiel setzen kann. Wir sehen somit, dass die Beteuerung im Grunde überhaupt nicht dazu dienen kann, etwas als wahr zu erklären.

Natürlich wendet sich der Zuschauer oder Leser mit dem steigenden Verdacht gegen Adam allmählich davon ab, diese Aeusserungen als Beteuerungen zu verstehen, und fasst sie nun wörtlich, als blosse Aussagen auf. So verstanden fallen diese Aeusserungen mit den vorhin besprochenen wahren Zwischenbemerkungen zusammen.

Dies trifft auch für die Wenn/Dann-Beziehungen zu. So verliert der Satz "Wenn ihr es herausbekommt, will ich ein Schuft sein." seine Bedeutung als Beteuerung ("Das werdet ihr bestimmt nie herausfinden.") und wird nur noch als wörtliche Wenn/Dann-Beziehung, und damit als wahre Zwischenbemerkung aufgefasst: "Doch wenn Ihrs herausbekommt, bin ich ein Schuft." (1092). Oder genau gleich in einem anderen Zusammenhang: "Ich bin ein Schelm, wenns nicht der Lebrecht war." (1205).

Bei solchen Sätzen ist der Bezug zu ihrer Herkunft aus Beteuerungen nur noch sehr schwach erhalten. Die Frage, ob ein solcher Bezug bei einer Aussage Adams wie "Ich bin ein Schuft." (1794) überhaupt noch vorhanden sei, dürfen wir offen lassen. Jedenfalls ist eine solche Aeusserung ihrer Form nach von einer wahren Zwischenbemerkung vollends nicht mehr zu unterscheiden.

Adam vernachlässigt seine Taktik nicht nur mit seinen wahren Bemerkungen, sondern auch dadurch, dass er seinen Traum erzählt:

> "Adam. - Mir träumt', es hätt ein Kläger mich ergriffen,
> Und schleppte vor den Richtstuhl mich; und ich,
> Ich sässe gleichwohl auf dem Richtstuhl dort,
> Und schält' und hunzt' und schlingelte mich herunter,
> Und judiziert den Hals ins Eisen mir." (269)

Andere Hinweise fördern das Misstrauen gegen Adam, und man fürchtet deshalb zu Recht, dass es mit ihm ein schlimmes Ende nehmen könnte. So wird der Traum als prophetischer Traum verstanden, der etwas zeigt, was sich nachträglich sehr wohl verwirklichen könnte. Dass sich sein Traum so gegen ihn selbst wendet und er dadurch, dass er ihn erzählt, seiner Absicht schadet, bemerkt Adam in seiner Einfalt natürlich nicht, sonst würde er sich wohl hüten, ihn preiszugeben (A 38).

Da es weniger schwierig ist, etwas abzuändern als etwas frei zu erfinden, benutzt Adam jede Gelegenheit, etwas Naheliegendes seinen Zwecken dienlich zu machen. Ein oft ergriffener Anknüpfungspunkt sind Aeusserungen des Gesprächspartners, die verändert werden. Die Veränderung besteht häufig darin, dass ein Wort statt in seiner übertragenen, in der konkreten Bedeutung genommen wird:

> "Licht. Unbildlich hingeschlagen?
>
> Adam.   Ja, unbildlich.
> Es mag ein schlechtes Bild gewesen sein." (14)

Hier ist Adam einzig bestrebt, etwas sagen zu können, um die für ihn peinliche Lage zu vertuschen. Dabei kommt ihm die Komik seiner Wortspiele zugute. Anders verhält es sich beim folgenden Zitat:

"Licht. Ja, ja! So gehts im Feuer des Gefechts.

Adam. Gefecht! Was! - Mit dem verfluchten Zeigenbock,
Am Ofen focht ich, wenn Ihr wollt. Jetzt weiss ichs." (49)

Hier dient Adam der Wechsel von der einen Bedeutung zur anderen dazu, einen "Grund" für seinen "Fall" zu finden.

Adam nützt die Möglichkeit aus, dass ein Wort auf verschiedene Weise verstanden werden kann. Dabei muss er es in Kauf nehmen, als dumm zu erscheinen, denn sein Verhalten unterscheidet sich seiner Form nach nicht von dem eines Menschen, der die übertragene oder (wie Licht sagt) bildliche Verwendung von Ausdrücken überhaupt nicht versteht (A 39).

Wie das ständige ängstliche Ausschauen Adams nach einem geeigneten Anlass für seine Lügen, ist auch die Unwahrscheinlichkeit vieler seiner Lügen eine Folge davon, dass er eifrig bemüht ist, seine Taktik durchzusetzen und dabei improvisieren muss. Weil Adam seine Aussagen nicht auf Geschehenes stützen kann, haben sie nicht die Selbstverständlichkeit und Wahrscheinlichkeit, die allem zukommen muss, das als wahr aufgefasst werden soll. Deshalb erwecken sie leicht den Verdacht, frei erfunden worden zu sein, wie etwa gerade das Gefecht mit dem Ziegenbock.

Wir haben früher schon gesehen, dass es zur Lüge gehört, dass sie vom Belogenen als Wahrheit angesehen wird. Sobald sie von ihm als Lüge durchschaut ist, verliert sie ihre betrügerische Macht (V 64). Lüge und Taktik gehören in diesem Punkt zusammen. Die Lüge ist ein Mittel und ein Teil der Taktik. Wie die Lüge darf sich auch die Taktik nicht als solche zeigen, da sie sonst hinfällig wird.

Adam gelingt es aber nicht, seine Taktik zu tarnen, weil er sie bald übertreibt und bald wieder vergisst. Adam ist ein schlechter Betrüger. Deshalb bringen wir ihm auch eine gewisse Sympathie entgegen.

Wie unfähig Adam beim Betrügen ist, wie dilettantisch er improvisiert und wie sehr er sich von der augenblicklichen Gelegenheit zu einer Lüge hinreissen lässt und dabei den Zusammenhang ganz aus den Augen verliert, das zeigt sich am deutlichsten darin, dass Adam für ein und denselben Sachverhalt immer wieder andere und sich widersprechende Erklärungen findet. Die Angaben Adams zu seinen Verletzungen und die schnell wechselnde Einschätzung von Personen (Licht, Ruprecht) gehören hierher, und auch die Erklärungen, weshalb er keine Perücke habe, welche wir uns nun etwas näher ansehen:

1. (222)   Die zweite Magd erinnert sich, dass Adam ohne Perücke ins Haus gekommen ist und gibt uns bekannt, dass eine andere beim Perückenmacher ist.

2. (236)   Adam verteidigt sich mit der unwahrscheinlichen Erklärung, er habe sie bloss aus Versehen abgenommen.

3. (242)   Adam sagt zu Licht, die Katze habe in die Perücke gejungt. Auch diese Erklärung ist sehr unwahrscheinlich, aber immerhin möglich. Sie ist mit (2.) vereinbar.

4. (1492) Adam erklärt Walter, die Perücke habe beim Lesen an der Kerzen-
flamme Feuer gefangen.
Die Zuschauer oder Leser wissen jetzt mit Bestimmtheit, dass Adam
lügt, da sie zwei sich widersprechende Begründungen für ein und dieselbe Sache kennen. Für die Figuren trifft dies aber nicht zu, weil
keine von ihnen beide Versionen gehört hat.

5. (1625) "Licht. Die Frau fand die Perücke im Spalier
Bei Frau Margrete Rull. Sie hing gespiesst,
Gleich einem Nest, im Kreuzgeflecht des Weinstocks,
Dicht unterm Fenster, wo die Jungfer schläft. "

6. (1635) Adam sagt, die Perücke, die Frau Brigitte gebracht hat (5.), sei diejenige, die er zur Reparatur bringen liess.
Weshalb sagt Adam, dass diese Perücke ihm gehört? Es ist wohl anzunehmen, dass er damit beabsichtigt, die Schuld auf Ruprecht abzu-
schieben, der den Auftrag hatte, die eine Perücke zur Reparatur zu
bringen.

7. (1829) Frau Brigitte berichtet, dass sie den Teufel mit der Perücke gesehen
habe.
Da nach (5.) die Perücke dicht unter Eves Fenster hing, kann Frau
Brigitte den Teufel Adam nicht gut mit Perücke gesehen haben, es sei
denn, sie hätte ihn schon aus dem Fenster stürzen sehen, wovon sie
aber nichts sagt. Wenn Kleist sich hier nicht geirrt hat, muss die
Aussage Brigittes als zu dem Zweck erfunden angesehen werden, den
Bericht von ihrer Begegnung mit dem Teufel auszuschmücken, wobei
ihr Licht behilflich gewesen sein könnte.

8. (1836) Adam behauptet, dass es eine Gewohnheit des Teufels sei, auf der
Erde eine Perücke zu tragen. Da es unwahrscheinlich ist, dass der
Teufel - und sogar noch mit Perücke - erscheint, taucht der Verdacht
auf, dass es gar nicht der Teufel war, den Brigitte gesehen hat. Diesen Verdacht versucht Adam abzuwenden.

9. (1844) "Adam. Glaubt Ihr, ich hätte, ich, der Richter, gestern,
Im Weinstock die Perücke eingebüsst?
Walter. Behüte Gott! Die Eur' ist ja im Feuer,
Wie Sodom und Gomorrha, aufgegangen.
Licht. Vielmehr - vergebt mir, gnädger Herr! die Katze
Hat gestern in die seinige gejungt. "
Adam spricht die Wahrheit aus, aber er gibt davei vor, es handle
sich um eine falsche Meinung. Dass er glaubt, auf diese Weise Mit-
leid zu erregen, ist wieder eine seiner groben Unvorsichtigkeiten.
Walter gibt seinem Zweifel an der Erklärung, dass die Perücke ver-
brannt sei, Ausdruck. Dadurch erfährt Licht, dass Adam Walter eine
andere Erklärung gegeben hat und stellt die beiden sich widersprechen-
den Angaben einander gegenüber, so dass nun alle sehen, dass Adam
ein Lügner ist.

10. (1850) "Adam. Ihr Herrn, wenn hier der Anschein mich verdammt:
Ihr übereilt euch nicht, bitt ich. Es gilt
Mir Ehre oder Prostitution. "

(1857)   "Den, der behauptet, dass sie mein gehört,
Ford'r ich vors Oberlandgericht in Utrecht."
(Auf der zweiten Zeile des ersten Zitats wieder eine wahre Bemerkung.)
Indem Adam bestreitet, dass die Perücke ihm gehöre, widerspricht
er erneut sich selbst (6.) und zeigt, dass er den Kopf völlig verloren
hat und mit seiner Spitzfindigkeit am Ende ist. Adam ist nun endgültig
als Lügner überführt, seine weiteren Versuche, sich herauszureden,
stossen auf keinen Glauben mehr. Die Behauptung, dass der Anschein
ihn verdamme, ist eine blosse Redensart, die jeder Grundlage ent-
behrt, da doch gerade jetzt die Wahrheit sich gegen den Schein der
Lügen Adams durchzusetzen beginnt.

Die Widersprüche, in die Adam sich verstrickt, sind ein Beweis für seine
Verlogenheit. Die anderen Fehler, die Adam unterlaufen, unterstützen einander
zwar, sind aber auch voneinander abhängig. Deshalb fördern sie den Verdacht gegen
Adam und vergrössern die Wahrscheinlichkeit, dass Adam ein Lügner ist. Wahrscheinlichkeit ist aber, auch wenn sie noch so gross ist, niemals Gewissheit. Deshalb sind einzig die Widersprüche ein sicherer Beweis für seine Verlogenheit, und
alles Wahrscheinliche erhält erst von dieser Gewissheit her die Bestätigung, dass
es auch der Wahrheit entspricht.

Anhang: Unwahrscheinliche Wahrhaftigkeiten

Der Bezug zwischen der Wahrscheinlichkeit und der Wahrheit kommt in
einer Anekdote Kleists zur Sprache, die am 10. Januar 1811 in den Berliner
Abendblättern erschienen ist (II 277).

Der Autor vx. berichtet, wie ein Offizier in einer Gesellschaft drei Geschichten erzählt. Alle drei sind in hohem Mass unwahrscheinlich. Die beiden
ersten sind Berichte aus dem Leben des Erzählers. Bei beiden hat er aber nur
das Ergebnis, die Wirkung, nicht den Hergang des unwahrscheinlichen Ereignisses
mit eigenen Augen gesehen. Die dritte Geschichte ist einem historischen Werk entnommen.

Der Autor der Anekdote erzählt nur, was er in dieser Gesellschaft erlebt
hat und gibt seine Meinung dazu nicht bekannt. Der Offizier dagegen sagt, was er
von den Geschichten denkt.

Die Anekdote beginnt so:

" 'Drei Geschichten', sagte ein alter Offizier in einer Gesellschaft, 'sind
von der Art, dass ich ihnen zwar selbst vollkommenen Glauben beimesse,
gleichwohl aber Gefahr liefe, für einen Windbeutel gehalten zu werden,
wenn ich sie erzählen wollte. Denn die Leute fordern, als erste Bedingung,
von der Wahrheit, dass sie wahrscheinlich sei; und doch ist die Wahrscheinlichkeit, wie die Erfahrung lehrt, nicht immer auf Seiten der Wahrheit.' " (II 277)

Vom Offizier erfahren wir auch, dass er ein Mann sei, "der sich der Lüge
niemals schuldig machte" (II 278,5) und dass er nicht erwarte, dass ihm diese Geschichten geglaubt würden.

Mit seinen einleitenden Worten will der Offizier zunächst den Zuhörern die Geschichten glaubhaft machen. Dies versucht er durch den Hinweis auf die Möglichkeit, dass Wahres auch unwahrscheinlich sein kann, zu erreichen. Der Versuch gelingt ihm aber nicht, denn die Zuhörer der Gesellschaft sind gleich wie die Leser der Anekdote Kleists nicht bereit, die Geschichten zu glauben. Weshalb? Weil ein phantasievoller Geschichtenerzähler, der uns einen Bären aufbinden möchte, ganz gleich vorgehen könnte wie der Offizier.

Hat der Offizier dies übersehen? Keineswegs. Er wusste, dass sein Hinweis die Zuhörer nur dazu bringen konnte, die Geschichten nicht voreilig als erlogen zu erklären. Seine Hinweise sollen zwar die Geschichten glaubhaft machen. Zugleich aber zeigen sie, dass sie dazu nicht taugen. Deshalb erhebt der Offizier auch keinen Anspruch darauf, dass ihm die Geschichten geglaubt werden, obschon er von ihrer Wahrheit überzeugt ist. Die Hinweise haben also eigentlich keinen andern Zweck, als den Zuhörern bewusst zu machen, dass sie nur vermuten, nicht wissen können.

Die Anekdote setzt uns in Verlegenheit.

Es wäre denkbar, dass der Offizier seine Hinweise erst gibt, nachdem er die erste Geschichte erzählt und nachdem er von den Zuhörern als Lügner beschimpft worden ist. So würde gezeigt, wie sich die Zuhörer verhalten, bevor sie in der Verlegenheit des Nichtwissens sind. Das geschieht aber nicht.

Es wäre auch denkbar, dass der Offizier, nachdem er die Geschichten erzählt hat und nachdem er die Zuhörer einige Zeit in der Verlegenheit gelassen hat, durch irgendeine Ergänzung aufzeigte, dass die Geschichten wahr sind. So würde gezeigt, wie sich der Zustand der Verlegenheit auflöst. Aber auch das geschieht nicht.

Wir sehen, dass die Anekdote ganz von dem, was wir den Zustand der Verlegenheit nennen, bestimmt ist. Sie zeigt nicht, was vor und nach der Verlegenheit ist.

Wir fragen nun: Worin besteht die Verlegenheit? Der Zustand der Verlegenheit ist dadurch gekennzeichnet, dass wir in ihm nicht wissen, ob das Unwahrscheinliche wahr ist oder nicht. Das Nichtwissen ist eine Ungewissheit. Der Zustand der Verlegenheit ist der der Ungewissheit.

Bis jetzt hat sich unsere Besprechung im engen Feld der Anekdote bewegt. Nun erweitern wir unseren Blickwinkel und nehmen auch ihre weitere Umgebung in den Blick.

Wir gehen aus von der Ungewissheit. In der Anekdote ist das Unwahrscheinliche das Ungewisse. Nun ist aber auch das Wahrscheinliche ungewiss. Dem Unwahrscheinlichen und dem Wahrscheinlichen ist gemein, dass sie ungewiss sind. Ihre Ungewissheit besteht darin, dass es ungewiss ist, ob sie sich als wahr oder als unwahr erweisen werden. Dem Wahrscheinlichen und dem Unwahrscheinlichen ist auch gemein, dass sie durch ihren Schein eine Meinung hervorrufen, die vielleicht falsch ist.

Wenden wir uns nun aber dem zu, worin sich das Wahrscheinliche und das Unwahrscheinliche unterscheiden. Sie sind zwar beide ungewiss, aber ihre Ungewissheit ist verschieden gerichtet. Die Richtung ist bestimmt durch das Woher und das Wohin.

Wir fragen zunächst nach dem Woher: Im Zustand der Ungewissheit ist das Wahrscheinliche und das Unwahrscheinliche als solches bewusst. Das ist das Ergebnis davon, dass sich das "Wahre" als bloss wahrscheinlich, das "Unwahre" als bloss unwahrscheinlich erwiesen hat. Das "Wahre" und das "Unwahre" sind in einen Verdacht geraten. Vor dem Verdacht sind sie selbstverständlich und unbedacht "wahr" und "unwahr" gewesen, und zwar so, dass das "Wahre" und das "Unwahre" (im Zustand der Selbstverständlichkeit) von dem Wahren und dem Unwahren (im Zustand der Gewissheit) nicht unterschieden werden können. Das Wahrscheinliche und das Unwahrscheinliche werden also einmal nach ihrer Herkunft aus dem "Wahren" und dem "Unwahren" bestimmt.

Wir fragen nun aber auch nach dem Wohin der Richtung ihrer Ungewissheit: Wir haben gesagt, dass das Wahrscheinliche und das Unwahrscheinliche gleich ungewiss sind. Das trifft grundsätzlich zu. Aber mit dieser grundsätzlich gleichen Ungewissheit geht eine Erwartung einher, in der sich das Wahrscheinliche und das Unwahrscheinliche unterscheiden: Von dem Wahrscheinlichen (A 40), das sich vom "Wahren" abgesetzt hat, erwarten wir, dass es sich als unwahr, von dem Unwahrscheinlichen, das sich vom "Unwahren" abgesetzt hat, erwarten wir, dass es sich als wahr erweisen wird.

Dass es sich so verhält, wird klar, wenn wir beachten, wodurch das "Wahre" (der Selbstverständlichkeit) zunächst als Wahrscheinliches (Ungewisses), und dieses dann als Wahres (Gewisses) erkannt wird. Beide Uebergänge zwischen den drei Stufen (A 41) sind dadurch gekennzeichnet, dass neue Erfahrung zum bisherigen Wissen dazu kommt. Den ersten Uebergang können wir den des Verdachts, den zweiten den der Lösung nennen. Gewöhnlich haben die Erfahrung, die zum Verdacht führt, und diejenige, die zur Lösung führt, die gleiche Richtung (A 42). Deshalb führt der Weg vom "Wahren" durch den Verdacht dazu, dass es zunächst als bloss Wahrscheinliches und durch die Lösung schliesslich als Unwahres erkannt wird. Und entsprechend führt der Weg vom "Unwahren" durch den Verdacht dazu, dass es zunächst als bloss Unwahrscheinliches und durch die Lösung schliesslich als Wahres erkannt wird.

Wir sehen, dass es jeweils eine neu dazukommende Erfahrung ist, die eine Veränderung der Stufe nach sich zieht. Eine Person kann zur gleichen Zeit immer nur auf einer Stufe stehen. Die Vermehrung des Wissens und der Wechsel der Stufen spielt sich in der Zeit ab. Mehrere Personen können aber auch zu gleicher Zeit verschieden viel wissen und deshalb auf verschiedenen Stufen stehen, natürlich immer in Bezug auf einen einzigen Sachverhalt.

Auch das Ausmass der Erfahrung spielt eine Rolle. Insbesondere kann eine Erfahrung bewirken, dass sich etwas "Wahres" direkt als unwahr, oder dass sich etwas "Unwahres" direkt als wahr erweist. In diesem Fall ist die Stufe der Ungewissheit übersprungen und die beiden Uebergänge (der Verdacht und die Lösung) sind in einen einzigen zusammengezogen.

Eine "wahre" Aussage kann also entweder zuerst in den Zustand der Ungewissheit geraten, möglicherweise eine Lüge (bloss wahrscheinlich) zu sein und sich erst später als Lüge (unwahr) erweisen, oder es kann sich in einem einzigen Uebergang zeigen, dass die "wahre" Aussage gelogen (unwahr) war. Entsprechend kann auch eine "unwahre" Aussage entweder zuerst in den Zustand der Ungewissheit geraten, vielleicht wahr (bloss unwahrscheinlich) zu sein und sich erst später als wahr erweisen, oder es kann sich in einem einzigen Uebergang (von der Selbstverständlichkeit zur Gewissheit) zeigen, dass die "unwahre" Aussage wahr ist.

Wir sind von Kleists Anekdote ausgegangen, in der sich die Frage nach der Unwahrscheinlichkeit stellt. Parallel zu ihr haben wir die Frage nach der Wahrscheinlichkeit entwickelt. Die Wahrscheinlichkeit kann einerseits "von sich aus" die Menschen verführen (etwa bei Missverständnissen), andrerseits können aber auch die Menschen die Wahrscheinlichkeit einsetzen, um andere Menschen zu verführen, was meistens in schlimmer Absicht geschieht (etwa bei Lüge und Verrat). Damit ist der Bezug zwischen der Wahrscheinlichkeit und den sprachlichen Erscheinungen, die zu Missverständnissen führen und als Mittel zum Betrug eingesetzt werden, herausgestellt (A 43).

Nun kehren wir aber wieder ins enge Feld der Anekdote zurück. Nachdem der Offizier die dritte Geschichte erzählt hat, weigert er sich, die Herkunft dieser Geschichte bekanntzugeben und verabschiedet sich von der Gesellschaft. Der Schluss der Anekdote lautet:

"Lassen Sie ihn, sprach ein Mitglied der Gesellschaft; die Geschichte steht in dem Anhang zu Schillers Geschichte vom Abfall der vereinigten Niederlande; und der Verfasser bemerkt ausdrücklich, dass ein Dichter von diesem Faktum keinen Gebrauch machen könne, der Geschichtsschreiber aber, wegen der Unverwerflichkeit der Quellen und der Uebereinstimmung der Zeugnisse, genötigt sei, dasselbe aufzunehmen." (II 280, 37)

Da Schiller selbst sowohl Dichter als auch Geschichtsschreiber war, besteht die Gefahr, dass die Bemerkung des Autors falsch verstanden wird. Diese Gefahr beseitigt Sembdner mit seiner Anmerkung zu dieser Stelle:

"Als Quelle der dritten Begebenheit meint Kleist nicht Schillers eigene Darstellung, sondern die als Anhang von Schillers 'Geschichte vom Abfall der Niederlande' erschienene Fortsetzung von Carl Curths, Teil 3, Leipzig 1809, S. 290:
'Einen jungen Menschen von des Herzogs Leibwache ergriff auf der Brücke, nahe an der Flandrischen Küste, ein Wirbel, und schleuderte ihn über den ganzen Strom auf das Brabantische Ufer, ohne dass er eine andere Beschädigung als eine kleine Verletzung an der Schulter beim Herabfallen erhielt.'
In einem anderen Zusammenhang hiess es bei Curths S. 292:
'So fabelhaft und unglaublich das scheint, gibt uns doch die Geschichte hinreichende Aufschlüsse über den Zusammenhang dieses rätselhaften Ereignisses.'
Kleist stellt hier also dem Dichter Schiller den Geschichtsschreiber Curths gegenüber." (II 916, 12)

Da sich bei Curths kein Hinweis auf einen Vergleich zwischen den Möglichkeiten des Dichters und des Geschichtsschreibers finden lässt, handelt es sich bei diesem Vergleich um einen eigenen Gedanken Kleists, den er nur (dadurch, dass er das Mitglied der Gesellschaft sagen lässt, dieser Gedanke stamme von Curths,) als übernommenen ausgibt.

Der Geschichtsschreiber muss alles, was als Faktum gesichert ist, mitteilen, ob es wahrscheinlich sei oder nicht. Der Dichter dagegen kann Unwahrscheinliches nicht verwenden, nicht einmal, wenn es als Faktum feststeht. Weshalb? Der Dichter erfindet seine Dichtung so, dass sie für möglich und wahr gehalten werden soll. Da nach der gewöhnlichen Meinung nur das Wahrscheinliche wahr ist, darf er nichts Unwahrscheinliches verwenden.

Doch - wie steht es bei Kleist? Durch die Anekdote wird die gewöhnliche Meinung durch die neue Einsicht, dass die Wahrheit durchaus auch unwahrscheinlich sein kann, abgelöst. In Kleists Dichtungen häufen sich die unwahrscheinlichen Zufälle (V 55). Trotzdem wird das Gedichtete aber nicht für unmöglich gehalten. Das mag verschiedene Gründe haben. Die "logische" Begründung dazu gibt uns Kleist aber jedenfalls in dieser Anekdote (A 44).

7. Die Verlobung in St. Domingo

Wir fragen nach Kleists Verhältnis zur Sprache. Dabei gehen wir so vor, dass wir Stellen aus seinen Schriften besprechen, die uns darüber Auskunft geben. An diesen Stellen fällt uns die Sprache auf. Wenn uns die Sprache auffällt, ist sie uns nicht selbstverständlich. Wir müssen uns nun fragen: Werden wir der Sprache gerecht, wenn wir nur auf sie achten, wenn sie uns auffällt, oder müssen wir uns bemühen, sie gerade auch dort zu beachten, wo sie uns selbstverständlich ist? Die Frage entscheidet sich, sobald wir feststellen, wie denn die Sprache erscheint, wenn sie uns auffällt.

Die Sprache fällt uns auf, wenn wir sie nicht zur Hand haben, wenn sie uns Schwierigkeiten bereitet. Auf das Wort achten wir, wenn es uns fehlt. Gewöhnlich aber sind wir, weil das Wort von sich weg auf die Sache weist, nicht beim Wort, sondern bei der Sache. Auf die Sprache werden wir nur aufmerksam, wenn sie uns fehlt. Wenn sie uns dient, achten wir gewöhnlich nicht auf sie.

Wenn wir eigens nach der Sprache fragen, stehen wir in der Gefahr, die Sprache falsch einzuschätzen. Denn immer dann, wenn sie die Aufmerksamkeit auf sich zieht, zeigt sie sich nicht in ihrem natürlichen Zustand. Dieser Gefahr können wir entgegentreten, wenn wir auch dort eigens auf die Sprache achten, wo sie selbstverständlich ist, wo sie sich selbst nicht zur Sprache bringt, sondern ganz der Sache dient.

Nach diesen allgemeinen Ueberlegungen wenden wir uns wieder Kleist zu. Wir haben seine Aeusserungen über die Sprache, wie wir sie vor allem in den Briefen antreffen, zusammengestellt. Es fällt auf, dass alle Aeusserungen Klagen sind. Kein einziges Mal sagt Kleist, dass es ihm gut gelungen sei, etwas auszudrücken, oder dass die Sprache ihm gute Dienste geleistet habe. Wir sehen jetzt, dass solche Aeusserungen auch ganz undenkbar wären. Denn der Klage über die Sprache steht nicht das Lob der Sprache gegenüber, sondern die Selbstverständlichkeit. Das Selbstverständliche ist nicht der Rede wert. Deshalb stehen den klagenden Aeusserungen über die Sprache nicht lobende, sondern keine gegenüber.

Das gilt für den gewöhnlichen Umgang mit der Sprache. Wenn wir aber eigens auf Kleists Verhältnis zur Sprache achten, müssen wir es vermeiden, dass die Sprache in einem schiefen Licht steht. Es darf also nicht geschehen, dass die

Sprache dann, wenn sie guten Dienst tut, in der Selbstverständlichkeit untergeht. Wir müssen also auf Stellen aufmerksam machen, an denen die Sprache selbstverständlich ist und ganz darin aufgeht, die Sache erscheinen zu lassen.

Tonis Gebet

Kleist teilt uns Tonis Gebet nicht direkt mit, sondern er beschreibt es:

"Sobald Toni, die diesen Augenblick mit Sehnsucht erwartet hatte, ihre Schlafkammer erreicht und sich überzeugt hatte, dass die Mutter entschlummert war, stellte sie das Bildnis der heiligen Jungfrau, das neben ihrem Bette hing, auf einen Sessel, und liess sich mit verschränkten Händen auf Knieen davor nieder. Sie flehte den Erlöser, ihren göttlichen Sohn, in einem Gebet voll unendlicher Inbrunst, um Mut und Standhaftigkeit an, dem Jüngling, dem sie sich zu eigen gegeben, das Geständnis der Verbrechen, die ihren jungen Busen beschwerten, abzulegen. Sie gelobte, diesem, was es ihrem Herzen auch kosten würde, nichts, auch nicht die Absicht, erbarmungslos und entsetzlich, in der sie ihn gestern in das Haus gelockt, zu verbergen; doch um der Schritte willen, die sie bereits zu seiner Rettung getan, wünschte sie, dass er ihr vergeben, und sie als sein treues Weib mit sich nach Europa führen möchte." (II 183, 13)

Der Erzähler sagt anschliessend, dass Toni "durch dies Gebet wunderbar gestärkt" (II 183, 27) wurde. Die Sprache bereitet Toni beim Beten keine Schwierigkeiten. Toni teilt der heiligen Jungfrau mit, was ihr Herz beschwert, und gibt mit ihren Worten gleichsam einen Teil der sie bedrückenden Last ab. Toni ist erleichtert. Sie bittet die Mutter Gottes auch um Mut und Kraft für ihr Geständnis. Und wirklich: Dadurch, dass sie die Bitte ausspricht, fühlt sie sich gestärkt. Im Gebet hat die Sprache heilende Wirkung.

Kleist beschreibt, wie das Gebet Toni stärkt. Er ist davon überzeugt, dass das Gebet einem Menschen, der sich in Not befindet, helfen kann.

8. Das Erdbeben in Chili

Mit der Besprechung von Tonis Gebet haben wir auf eine Stelle aufmerksam gemacht, wo die Sprache für eine Figur aus der Dichtung Kleists selbstverständlich ist. Nun wenden wir uns noch zwei Abschnitten aus dem "Erdbeben in Chili" zu, die zeigen, dass die Sprache auch dem Dichter Kleist selbst ganz selbstverständlich sein kann (a. Die Idylle / b. Die Greueltaten).

a. Die Idylle

Das furchtbare Erdbeben hat Jeronimo, der sich gerade im Gefängnis erhängen wollte, von dieser Tat abgehalten und ihm so das Leben gerettet. Er befürchtet aber, dass seine geliebte Josephe nicht mehr am Leben sei, und bereut deshalb schon beinahe, dass er selbst gerettet ist. Umso grösser ist seine Freude, als er nach langem Suchen seine Geliebte findet: Josephe wurde dank dem Erdbeben nicht hingerichtet, und es gelang ihr, mit Philipp, ihrem Kind, heil aus der zusammenbrechenden Stadt aufs Land zu fliehen.

Kleist schildert nun, wie Jeronimo seinen kleinen Sohn liebkost und fährt dann fort:

> "Indessen war die schönste Nacht herabgestiegen, voll wundermilden Duftes, so silberglänzend und still, wie nur ein Dichter davon träumen mag. Ueberall, längs der Talquelle, hatten sich, im Schimmer des Mondscheins, Menschen niedergelassen, und bereiteten sich sanfte Lager von Moos und Laub, um von einem so qualvollen Tage auszuruhen. Und weil die Armen immer noch jammerten; dieser, dass er sein Haus, jener, dass er Weib und Kind, und der dritte, dass er alles verloren habe: so schlichen Jeronimo und Josephe in ein dichteres Gebüsch, um durch das heimliche Gejauchz ihrer Seelen niemand zu betrüben. Sie fanden einen prachtvollen Granatapfelbaum, der seine Zweige, voll duftender Früchte, weit ausbreitete; und die Nachtigall flötete im Wipfel ihr wollüstiges Lied. Hier liess sich Jeronimo am Stamme nieder, und Josephe in seinem, Philipp in Josephens Schoss, sassen sie, von seinem Mantel bedeckt, und ruhten. Der Baumschatten zog, mit seinen verstreuten Lichtern, über sie hinweg, und der Mond erblasste schon wieder vor der Morgenröte, ehe sie einschliefen." (II 149, 32)

Kleists Schilderung ist hier selbst ganz durchdrungen von der Stimmung, in der sich die Liebenden befinden. Die Natur ist der Ausdruck des Gefühls, der Unterschied zwischen dem Inneren und Aeusseren ist aufgehoben. Dieser lyrische Zustand ist aufs engste mit der Liebe zwischen Josephe und Jeronimo verbunden (A 45). Nur den Liebenden ist die Natur so verzaubert. Die Liebenden verstehen sich, auch wenn sie nicht miteinander sprechen, sie sind nicht darauf angewiesen, sich ihrer Liebe zu vergewissern (V 22).

Aber auch die Beschreibung der Liebenden und der Natur, die sie umgibt, lässt nichts zu wünschen übrig. Ein Mangel an dieser "Mitteilung" Kleists ist nicht festzustellen. Die Sprache tritt hier selbst ganz zurück und lässt das Gesagte hervorscheinen.

Wir werden hier auf einen neuen Aspekt von Kleists Verhältnis zur Sprache aufmerksam. Freilich betrifft die besprochene Stelle der "geglückten" Sprache eine "glückliche" Sache. Wir müssen uns nun aber noch fragen, wie die dichterische Mitteilung aussieht, wenn die mitzuteilende Sache nicht durch die Liebe ausgezeichnet ist.

b. Die Greueltaten

Unter dem Granatapfelbaum geben sich Jeronimo und Josephe ganz ihrer Liebe hin. Sie vergessen dabei, dass sie vor dem Erdbeben wegen ihrer Vergehen gegen das Gesetz verurteilt worden sind und ahnen nicht, dass ihr Glück nicht auf sicherem Grund ruht. Ihr Glück ist aber nicht nur zweifelhaft, sondern es ist auch nicht beständig, wie es der Fortgang der Ereignisse zeigt. Das Glück der beiden ist ein kleines schönes Bild, eine schwimmende Insel auf dem Ozean der Verbrechen.

Das Erdbeben hat die Bewohner der Stadt um ihren Besitz gebracht, alles Bestreben hat sich als nichtig erwiesen. Sie haben nur noch das nackte Leben und sind um nichts anderes besorgt, als dieses Leben zu erhalten. In dieser Lage wäre es denkbar, dass die Menschen versuchten, sich auf Kosten der anderen die lebenswichtigen Nahrungsmittel durch Raub und Plünderung zu beschaffen. Aber das trifft nicht ein. Kleist berichtet nur davon, dass die Familie von Don Fernando bereit ist, Jeronimo und Josepe zu verzeihen, und dass die beiden Familien einander unterstützen, um die Not zu überwinden.

Aber diese heile Welt wird schon bald wieder zerstört. In der Dominikanerkirche soll eine Messe zur "Verhütung ferneren Unglücks" (II 153, 31) gelesen werden. Aber der Chorherr, der die Predigt hält, kommt "im Flusse priesterlicher Beredsamkeit, auf das Sittenverderbnis der Stadt" (II 155, 33) zu sprechen, erwähnt dabei das Vergehen von Jeronimo und Josephe und übergibt diese "allen Fürsten der Hölle" (II 156, 6). Die Worte des Predigers bewirken, dass die Menge das Vergehen der beiden als einzige Ursache des Erdbebens "erkennt" und sich an ihnen rächen will. Dank dem Eingreifen eines Marine-Offiziers kann ein Gemetzel in der Kirche noch verhindert werden.

"Doch kaum waren sie auf den von Menschen gleichfalls erfüllten Vorplatz derselben getreten, als eine Stimme aus dem raufenden Haufen, der sie verfolgt hatte, rief: dies ist Jeronimo Rugera, ihr Bürger, denn ich bin sein eigner Vater! und ihn an Donna Constanzens Seite mit einem ungeheuren Keulenschlage zu Boden streckte. Jesus Maria! rief Donna Constanze, und floh zu ihrem Schwager; doch: Klostermetze! erscholl es schon, mit einem zweiten Keulenschlage, von einer andern Seite, der sie leblos neben Jeronimo niederwarf. Ungeheuer! rief ein Unbekannter: dies war Donna Constanze Xares! Warum belogen sie uns! antwortete der Schuster; sucht die rechte auf, und bringt sie um! Don Fernando, als er Constanzens Leichnam erblickte, glühte vor Zorn; er zog und schwang das Schwert, und hieb, dass er ihn gespalten hätte, den fanatischen Mordknecht, der diese Greuel veranlasste, wenn derselbe nicht, durch eine Wendung, dem wütenden Schlag entwichen wäre. Doch da er die Menge, die auf ihn eindrang, nicht überwältigen konnte: leben Sie wohl, Don Fernando mit den Kindern! rief Josephe - und: hier mordet mich, ihr blutdürstenden Tiger! und stürzte sich freiwillig unter sie, um dem Kampf ein Ende zu machen. Meister Pedrillo schlug sie mit der Keule nieder. Darauf ganz mit ihrem Blute besprützt: schickt ihr den Bastard zur Hölle nach! rief er, und drang, mit noch ungesättigter Mordlust, von neuem vor." (II 157, 37)

In diesem Abschnitt der Novelle überstürzen sich die Gedanken und machen den Eindruck eines Gestammels. Aber das Gestammel ist keineswegs der Ausdruck eines Unvermögens, sondern es erscheint hier in der Dichtung als Ausdruck für das Ueberwältigende der Ereignisse.

Zweifellos besteht zwischen diesem Zitat und dem der Idylle der grösste Unterschied. Der Unterschied betrifft den Stil dieser Zitate. Wir achten aber nicht auf den Stil, sondern darauf, wie die Sprache Kleist zur Hand ist. In dieser Beziehung zeigen beide Stellen dasselbe: Hier wie dort gelingt es Kleist zu sagen, was gesagt werden soll.

Wir versuchen, Kleists Verhältnis zur Sprache zu verstehen. Nun zeigt sich aber, wenn wir die Ergebnisse unserer Interpretationen miteinander vergleichen, eine Schwierigkeit, die uns das Verständnis von Kleists Verhältnis zur Sprache erschwert.

In den Briefen wurde Kleist nicht müde, die Sprache zu tadeln und ihre Mängel hervorzuheben. Dieses Misstrauen gegenüber der Sprache scheint uns mit der Tatsache, dass Kleist Dichter war, nicht vereinbar zu sein, denn der Dichter zeichnet sich ja gerade dadurch aus, dass er mit der Sprache auf hervorragende Weise umgehen kann. Wie müssen wir uns das Verhältnis zwischen dem Sprachkritiker und dem Dichter Kleist vorstellen?

Der Sprachkritiker Kleist beurteilt die Sprache nach der innersten Forderung. Dabei zeigt sich, dass die Sprache den Ansprüchen dieser Forderung nicht gerecht wird.

Auch der Dichter Kleist liess sich, bei der Arbeit am Trauerspiel "Robert Guiskard", von der innersten Forderung bestimmen. Wir zitieren dazu nochmals den alten Wieland:

> "... dies nötigte ihn, mir gern oder ungern zu entdecken, dass er an einem Trauerspiel arbeite, aber ein so hohes und vollkommenes Ideal davon seinem Geiste vorschweben habe, dass es ihm noch immer unmöglich gewesen sei, es zu Papier zu bringen. Er habe zwar schon viele Szenen nach und nach aufgeschrieben, vernichte sie aber immer wieder, weil er sich selbst nichts zu Dank machen könne." (LS 89)

Im Brief an Ulrike vom 5. Oktober 1803 sagt Kleist:

> "Töricht wäre es wenigstens, wenn ich meine Kräfte länger an ein Werk setzen wollte, das, wie ich mich endlich überzeugen muss, für mich zu schwer ist." (II 735, 37)

Und am 26. Oktober 1803 schreibt Kleist an Ulrike:

> "Ich habe in Paris mein Werk, so weit es fertig war, durchlesen, verworfen, und verbrannt: nun ist es aus." (II 737, 4)

Kleist scheitert bei dem Versuch, eine Dichtung zu schaffen, die der innersten Forderung gerecht wird. Wir dürfen deshalb sagen, dass die innerste Forderung so beschaffen ist, dass sie nicht nur durch die Sprache, sondern auch durch die Dichtung, die auf die Sprache angewiesen ist, nicht erfüllt werden kann. Die vollendeten Dichtungen Kleists müssen also, von seinem Gesichtspunkt der innersten Forderung her gesehen, mangelhaft sein.

Unsere Schwierigkeit löst sich jetzt auf. Sie ist entstanden, weil wir Kleists Misstrauen gegenüber der Sprache mit unserer Einschätzung der Dichtung verglichen haben. Wir sehen jetzt, dass Kleists Einschätzung der Sprache mit seiner Beurteilung der Dichtung übereinstimmt, denn beide sind von der innersten Forderung bestimmt. Von ihr her gesehen ist die Dichtung grundsätzlich mangelhaft. Für uns aber ist sie dies keineswegs, denn wir halten uns bei der Beurteilung der Dichtung an das, was innerhalb unserer Sprache möglich ist. Gerade das tut Kleist aber nicht (V 42). Er lässt sich nicht von den Möglichkeiten der Welt, sondern von einer selbstherrlichen Forderung bestimmen, und er zerbricht, weil die Möglichkeiten der Welt dieser Forderung nicht entsprechen.

Der Verweis am Schluss jeder Anmerkung bezieht sich auf die Seite, zu der die Anmerkung gehört.

1) <u>Die wissenschaftliche Literatur über Kleists Verhältnis zur Sprache:</u>
   1940 Max Kommerell: Die Sprache und das Unaussprechliche. Eine Betrachtung über Heinrich von Kleist (L 7). (Dieser Aufsatz gibt kaum mehr als eine erste Zusammenstellung von sprachlichen Erscheinungen bei Kleist.)
   1960 Daniel Bischofberger: Der Dreitakt in der Sprache Heinrich von Kleists (L 1).
   1962 Hans Heinz Holz: Macht und Ohnmacht der Sprache. Untersuchungen zum Sprachverständnis und Stil Heinrich von Kleists (L 6).
   Zu diesem Buch gibt es drei Rezensionen von R. Masson (L 6a), W. Müller-Seidel (L 6b) und E. Schwarz (L 6c).

   Unser Vorgehen unterscheidet sich von dem der Autoren der beiden grösseren Arbeiten darin, dass Holz und Bischofberger eine bestimmte Auffassung von Kleists Verhältnis zur Sprache vertreten, die nicht nur Ergebnis ihrer Untersuchung, sondern auch Voraussetzung ihrer Interpretation ist. Von Anfang an hat Bischofberger den Dreiklang und Holz die Mächtigkeit der Sprache im Blick. Die Kleist-Stellen sind für sie deshalb nicht der Ausgangspunkt der Interpretation, sondern sie werden nur als Belege beigezogen.

   <u>Bischofberger</u> versteht in seiner Interpretation Kleists Verhältnis zur Sprache von dem Aufsatz "Ueber das Marionettentheater" her. Dabei fragt er sich nicht, ob die Frage nach der Sprache überhaupt nur von einem einzigen Aufsatz her verstanden werden darf. Zudem wird Kleists Aufsatz selbst nicht besprochen. Ein bestimmtes Verständnis wird als einziges angenommen. Bischofberger versteht die drei Stufen als "Stufen menschlichen Daseins" (L 1/27). Es wäre aber zu fragen, ob nicht etwa die erste Stufe der Materie, die dritte Gott und nur die zweite dem Menschen zugerechnet werden müsste. Für Bischofberger sind die Gegensätze, die sich auf jeder Stufe anders zueinander verhalten, vor allem Gefühl und Verstand (L 1/74). Kleist spricht aber nur von Grazie und Bewusstsein (II 343, 11) oder Reflexion (II 345, 23). Diese Begriffe dürfen aber keineswegs stillschweigend den Begriffen "Gefühl" und "Verstand" gleichgesetzt werden. Bischofbergers Interpretation von Kleists Verhältnis zur Sprache als "Dreitakt" wird durch die Zweifel, die die Voraussetzungen dieser Interpretation erwecken, selbst zweifelhaft (A 30).

   <u>Holz</u> geht es, im Gegensatz zu Bischofberger, nicht darum, Kleists Verhältnis zur Sprache aus seinen Schriften zu verstehen (L 6/9). Er hat keine literaturwissenschaftliche Absicht, denn ihn interessiert das Werk Kleists nur als Musterbeispiel für seine Sprachphilosophie (L 6/Kapitel "Abgrenzung"). Dadurch kommt Kleists Verhältnis zur Sprache nur innerhalb des Rahmens, der durch den sprachphilosophischen Standpunkt, den Holz einnimmt, in den Blick (A 12 und 37). (V 11)

2) Der Interpret versucht zu verstehen. Das Verstehen geschieht im Gespräch mit dem Dichter. Der Interpret ist der Fragende. Er fragt so, dass der Dichter antworten kann. Das Gespräch ist von den Antworten und von den Fragen bestimmt. (V 11)

3) Heidegger versteht in seinem Buch "Sein und Zeit" den Menschen als Dasein, zu dem immer auch das In-der-Welt-sein gehört (L 3). Zerstreutheit könnte als eine Weise des In-der-Welt-seins verstanden werden. (V 14)

4) Mit "totaler Mitteilung" ist jetzt nicht mehr eine Mitteilung gemeint, die nur auf der "Skala" der Qualität, sondern eine solche, die sowohl auf der "Skala" der Qualität als auch auf der der Quantität an der Spitze steht. (V 25)

5) Die Sprache malt. Die Sprache gibt. In diesen Sätzen scheint etwas angedeutet zu sein, das Heidegger mit seinem Sprachdenken zu fassen versucht.
In seinem Buch "Unterwegs zur Sprache" lesen wir:
"Wie west die Sprache als Sprache? Wir antworten: Die Sprache spricht. Ist dies im Ernst eine Antwort? Vermutlich schon; dann nämlich, wenn ans Licht kommt, was sprechen heisst.
Der Sprache nachdenken verlangt somit, dass wir auf das Sprechen der Sprache eingehen, um bei der Sprache, d. h. in ihrem Sprechen, nicht in unserem, den Aufenthalt zu nehmen. Nur so gelangen wir in den Bereich, innerhalb dessen es glückt oder auch missglückt, dass aus ihm die Sprache uns ihr Wesen zuspricht. Der Sprache überlassen wir das Sprechen. Wir möchten die Sprache weder aus anderem, das nicht sie selber ist, begründen, noch möchten wir anderes durch die Sprache erklären." (L 4/12)
Wir haben zugestanden, dass unsere Interpretation der Sätze Kleists wohl über das hinausgeht, was Kleist dachte, als er sie schrieb. Da wir uns bei der Interpretation nicht auf das, was Kleist dachte, einschränken, dürfen wir auch auf Bezüge hinweisen, die über die opinio auctoris hinausgehen. Wenn wir nach Kleists Verhältnis zur Sprache fragen, fragen wir nicht nur nach dem, was Kleist über die Sprache dachte, sondern wir fragen zugleich nach dem, was Sprache überhaupt ist. Denn das, was Sprache ist, bestimmt Kleists Verhältnis zur Sprache, auch wenn er nicht eigens darüber nachdenkt.
Zu den hermeneutischen Fragen der Interpretation sei auf Gadamers Buch "Wahrheit und Methode" hingewiesen (L 2). (V 26)

6) Kleist erinnert sich wohl an Schwierigkeiten, die er während seiner Militärzeit im Umgang mit seinen vorgesetzten Offizieren hatte. (V 27)

7) Wenn das Innere klar ist, ist seine Mitteilung möglich, wenn es verwirrt ist, ist sie unmöglich. Die Mitteilung ist von der Klarheit des Mitzuteilenden abhängig.
Wann ist das Mitzuteilende klar? Wenn es mitgeteilt, in Sprache gefasst werden kann. Wir geraten in eine Verlegenheit. Worin besteht sie? Das, von dem die Sprache abhängig zu sein schien, erweist sich als selbst von der Sprache her bestimmt. Die Mitteilbarkeit kann nicht durch die Klarheit bestimmt werden, denn Klarheit meint selbst Mitteilbarkeit. Wenn wir das sprachlich Fassbare von dem sprachlich Nichtfassbaren unterscheiden wollen, können wir nicht auf ein aussersprachliches Merkmal verweisen, sondern der Unterschied ist einzig

von der Sprache her fassbar. Was ausserhalb des sprachlich Fassbaren liegt, entgleitet uns, es kann nicht anders als negativ bestimmt werden. (V 30 und 100).

8) Zum Inneren gehört nicht nur das Gefühl - die Gedanken gehören auch dazu. Wenn Kleist das Innere näher beschreibt, spricht er von "Gedanken und Gefühlen" (V 29 und 30).
   Beides sind Vermögen des Gemüts oder der Seele (in einem sehr weiten Sinn). Der Ort der Seele ist seit alters "innen". (V 31)

9) Zur Datierung des Aufsatzes gibt Sembdners Anmerkung Auskunft:
   "Entstehung: Nach den im Aufsatz erwähnten biographischen Einzelheiten (Arbeit am 'Geschäftstisch' über Akten mit Streitsachen, Anwesenheit der Schwester) wahrscheinlich 1805/06 in Königsberg entstanden." (II 925)
   (V 33)

10) Beim Schreiben des Tagebuchs und beim Lösen einer Denkaufgabe entfaltet sich der Gedanke selbst. Allmähliche Verfertigung der Gedanken gibt es also nicht nur mit einem Partner, sondern der Partner dient nur dazu, das Ausprägen des Gedankens zu fördern. (V 36)

11) Beim Sprechen spielt die Zeit immer eine grosse Rolle. Dies nicht nur, weil sich das Sprechen in der Zeit vollzieht, sondern auch, weil die Art des Sprechens mit der Art, wie die Zeit erlebt wird, verknüpft ist. Darauf haben wir schon bei der Besprechung des Stotterns hingewiesen (V 17). (V 36)

12) Zu Kleists Satz, der besagt, dass der Geist, wenn er vor aller Rede mit dem Gedanken fertig ist, bei seiner blossen Ausdrückung zurückbleiben müsse, sagt Holz:
   "Das allerdings ist eher die Definition einer psychopathologischen Ausdrucksstörung als eines normalen Redeablaufs. Immerhin bliebe dieser Satz doch bedingt richtig, wenn er nicht im folgenden auf die Trennung von Sprache und Denken bezogen würde: 'Wenn daher eine Vorstellung verworren ausgedrückt wird, so folgt der Schluss noch gar nicht, dass sie auch verworren gedacht worden sei; vielmehr könnte es leicht sein, dass die verworrenst ausgedrückten gerade am deutlichsten gedacht werden.'" (L 6/31)
   Wir versuchen, diesen schwierigen Satz aus dem Zusammenhang zu verstehen. Holz dagegen erklärt ihn für unrichtig. Er beurteilt Kleist nach seiner eigenen Auffassung der Sprache und überhört dabei, was Kleist sagen will. (V 37 und 97)

13) Von einem "Haufen" der Gedanken können wir auch beim Stotterer sprechen, bei dem sich die Gedanken aufstauen (V 17). Hier zeigt sich wohl ein Bezug zwischen Kleists Sprachfehler und seinem Verständnis des Sprechens. (V 38)

14) Sprache wird immer als etwas verstanden. Damit zeigt sie sich zum voraus in einem bestimmten Rahmen. Das trifft auch zu, wenn Sprache als Ausdruck des Geists aufgefasst wird. Diesen Rahmen versucht Heidegger (L 4) zu sprengen, wenn er die Sprache als Sprache zu denken versucht. (V 38)

15) Bei Kleist kommt es häufig vor, dass er seine Meinung durch Abhebung von einer anderen Meinung findet. Dieser Vorgang wird im Aufsatz "Allerneuester Erziehungsplan" (II 329) ausführlich beschrieben und mit dem Vergleich der elektrischen Ladungen erläutert. (V 39 und 101)

16) Ueber den vorsprachlichen Gedanken kann nichts gesagt werden, als eben, dass er nicht sprachlich und damit überhaupt nicht fassbar ist (A 7). (V 41)

17) Kleist versteht die Sprache als Rede. Damit steht er in einer alten Tradition. Heidegger sagt dazu:
> "Die Sprache begegnet, wenn man sie unmittelbar wie etwas Anwesendes vorstellt, als Tätigkeit des Sprechens, als Betätigung der Sprachwerkzeuge, als da sind: der Mund, die Lippen, die Zunge. Die Sprache zeigt sich im Sprechen als eine am Menschen vorkommende Erscheinung. Dass die Sprache seit langer Zeit von da her erfahren, vorgestellt und bestimmt wird, bezeugen die Namen, die sich die abendländischen Sprachen selbst gegeben haben: γλῶσσα lingua, langue, language." (L 4/203) (V 41)

18) Kleist kennt den Einfluss, den der Gesichtspunkt auf die Sache ausübt. Kleists Auffassung der Kunst ist wie die der Dichtung von der inneren Forderung und dem Geist her bestimmt. (V 41)

19) Der Status der sprachlichen Erscheinungen bleibt innerhalb der Dichtung derselbe, ganz gleich in welcher Gattung (Novelle oder Drama) sie vorkommen. (V 45)

20) Wir fragen nicht nach einer Entwicklung in Kleists Verhältnis zur Sprache. Zur Frage nach der dichterischen Entwicklung Kleists sei auf Kreutzers Buch hingewiesen (L 8). (V 45)

21) Dasselbe ist für den Prinzen ein Traum, für die andern Wirklichkeit. Nur wenn man das "Erlebnis" aus dem Zusammenhang, in dem es steht, löst, kann man sagen, dasselbe habe verschiedene Bedeutungen. Die Mehrdeutigkeit betrifft hier die "Erlebnisart" (Traum, Wirklichkeit). (V 46)

22) Die Mehrdeutigkeit betrifft hier den Ernst, das Gewicht der Aussage. (V 50)

23) Da man mit der Geste oder dem Gesichtsausdruck, insofern sie willentlich beeinflussbar sind, "lügen" kann, sind sie gleich unzuverlässig wie das Gesprochene. (V 52 und 102)

24) Bei natürlicher Einstellung steht der Name "Klara" im Bezug zum deutschen Wort "klar". Nur der Etymologe beachtet, dass der Name "Klara" aus dem lateinischen "clarus" ("berühmt") herstammt. Wir dürfen den Namen als sprechenden Namen ansehen. Weitere sprechende Namen finden wir auch im "Zerbrochnen Krug". (V 56)

25) Zum Substantiv "Logogriph", von dem das Adjektiv "logogriphisch" abgeleitet ist, lesen wir im 2. Band des "Deutschen Fremdwörterbuches" (L 11) auf Seite 40:
> "'Wort-, Buchstabenrätsel' neulat. Bildung logogriphus aus griech. λόγος 'Wort, Rede' und γρῖφος 'Fischernetz'." (V 61)

26) Das Rätsel der Tasse ist nicht so leicht zu lösen, wie es scheint, wenn die Lösung schon bekannt ist. Das liegt unter anderem daran, dass die räumlichen Beziehungen zwischen den drei geschriebenen Wörtern auf verschiedene Weise ausgedrückt werden können. Wir haben nur gerade diejenige gewählt, die zum Erfolg führt. (V 62)

27) Auch die ähnlichen Ortsnamen "Thuiskon", "Herthakon" und "Helakon" sind nur mit Mühe auseinanderzuhalten (Hermannsschlacht 866). (V 63)

28) Bei Namen ist die Gefahr des Missverstehens grösser als bei Appellativen, denn die Namen sind nicht so stark wie diese mit dem Bedeutungszusammenhang des Satzes verknüpft und es kommt häufiger vor, dass das, was die Namen meinen, nicht bekannt ist, als dass man nicht weiss, was ein Appellativ bedeutet. (V 64 und 81)

29) Vielleicht steht die Aehnlichkeit der beiden Ortsnamen in einem Bezug zu der Gewohnheit der Berliner, "pf" nur als "f" auszusprechen, was Kleist aufgefallen sein könnte. Dieser Bezug könnte allerdings nur indirekt gelten, denn sonst müssten die beiden Ortschaften "Pfiffikon" und "Fiffikon" heissen. (V 65)

30) Bischofberger bringt den Erbvertrag mit der Entstehung der Sprache in Zusammenhang:

"Der letzte Satz - der Erbvertrag gehöre zur Sache wie der Apfel zum Sündenfall - zeigt an, in welchem Zusammenhang Kleist die Entstehung des Rechts, dieser objektivsten Form der Sprache sieht: es ist der Uebergang von der ersten zur zweiten Stufe des Marionettentheaters, die Ausstossung aus dem Paradies in die diskursive Welt.
Die Entstehung der Sprache, die Satzung erscheint somit als eine Folge des Sündenfalls." (L 1/45)

Nach unserer Interpretation des Zusammenhangs zwischen dem Sündenfall und dem Erbvertrag kann erst der Missbrauch des Vertrags als "Sündenfall" bezeichnet werden. Darin, dass der Vertrag aufgeschrieben wird, kann also nichts Uebles gesehen werden. Wie das Schauspiel "Prinz Friedrich von Homburg" zeigt, ist das Recht für Kleist nicht etwas durchwegs Schlechtes. Bischofbergers Schluss von der "Entstehung des Rechts" über die Zwischenschritte "objektivste Form der Sprache" und "Satzung" auf die "Entstehung der Sprache" ist nicht begründet. (V 67 und 97)

31) Im Hass hat das Unwahre eine trügerische Klarheit:

"Ottokar. Es gab uns Gott das seltne Glück, dass wir
Der Feinde Schar leichtfasslich, unzweideutig,
Wie eine runde Zahl erkennen." (127) (V 67)

32) Es besteht ein Zusammenhang zwischen der Unbestimmtheit des Namens "Sylvester" und der Erscheinung, dass eine Meinung, die Kleist hört, ihn anregt, eine eigene andere Meinung zu bilden (A 15). In beiden Fällen geht es darum, dass ein Element, das in einem bestimmten Zusammenhang steht, eine andere Bedeutung erhält, sobald es in einen anderen Zusammenhang zu stehen kommt. Es ist dies die Erscheinung, die durch das Verhältnis zwischen dem

Ganzen und den Teilen bestimmt ist und den Titel "hermeneutischer Zirkel" trägt. (V 70)

33) Dem zweideutigen Appellativ entspricht der Personen- oder Ortsname, der mehrere Personen oder Orte meint. (V 70)

34) Das Thema des Augengleichnisses ist die absolute Wahrheit, die auch nach dem Tod gültig ist. In der "Familie Schroffenstein" steht aber nur die Wahrheit im menschlichen Bereich in Frage. Es besteht wohl ein Zusammenhang zwischen dem Fehlen der absoluten Wahrheit und der Hinfälligkeit der menschlichen Wahrheit. (V 72)

35) Mit dem willkürlichen Körperausdruck kann man etwas andeuten, das nicht der Wahrheit entspricht. Im Gegensatz dazu ist der nicht willkürlich beeinflussbare Ausdruck ein untrügliches Zeichen der Seele. Ein solcher Ausdruck ist bei den meisten Leuten das Weinen (A 23). (V 75)

36) Müller-Seidel fasst in seinem Buch "Versehen und Erkennen" (L 9/144) die Kontroverse zwischen Sengle (L 12) und Rasch (L 10) zusammen. Dabei entsteht der Eindruck, dass der Unterschied der Meinungen darauf beruhe, dass mit dem Wort "dies" (2989) nach Sengle "Versehen" und nach Rasch "Kuss" gemeint sei. Das trifft aber nicht zu, denn Rasch (L 10/290) sagt mit Recht, dass mit dem "es", das Sengle (L 12/270) erwähnt, nur dasjenige von Vers 2981 gemeint sein kann.
Wie wir es verstehen, dass Penthesilea ihre Tat als "Versehen" (2981) und "Versprechen" (2986) bezeichnet, zeigt sich im weiteren Verlauf unserer Interpretation. (V 77)

37) Holz sagt dazu, dass Adams Lügen allmählich als Lügen durchschaut werden:
"Die Lüge hebt sich selbst auf, indem ihre Zweideutigkeit das Wahre durchscheinen lässt." (L 6/74)
Dass sich die Wahrheit gegen die Lüge durchsetzt, bedeutet für ihn:
"... die Negation negiert sich selbst." (L 6/79)
Gegen diese allzu schematische, dialektische Interpretation ist einzuwenden, dass nicht die Lüge sich selbst als solche durchschaubar macht. Da sich die Lüge ganz als "Wahrheit" ausgibt, kann sie nicht auf die Wahrheit hinweisen. Die Lüge selbst ist nicht zweideutig.
Adams Lügen sind nicht typische Lügen, weil sie schlecht sind. Aber auch hier sind nicht die einzelnen Lügen selbst zweideutig, sondern das ganze Verhalten Adams. Nicht die Lügen selbst bewirken, dass sie als solche durchschaut werden, sondern das, was wir neben den einzelnen Lügen erfahren. (V 81 und 97)

38) Eine weitere Vorwegnahme sind die Ereignisse in Holla, die uns vermuten lassen, dass es auch in Huisum ähnlich gehen könnte, besonders da Adam, unvorsichtig wie er ist, den Richter von Holla einen Kerl nennt, "mit dem sichs gut zusammen war" (121). (V 83)

39) Anders als Adam hat Frau Marthe Mühe, auch nur die einfachsten übertragenen Bedeutungen der Wörter zu verstehen. (V 84)

40) Wir beschränken uns auf eine bestimmte Art von Wahrscheinlichkeit. Wahrscheinlichkeit kann sehr wohl auf die Wahrheit hin ausgerichtet sein. Wenn
wir zum Beispiel etwas für wahrscheinlich halten, meinen wir, dass es wohl
zutrifft. In unserem Zusammenhang ist aber die blosse Wahrscheinlichkeit gemeint, die auf die Unwahrheit ausgerichtet ist. Die "positive" (auf die Wahrheit ausgerichtete) und die "negative" (auf die Unwahrheit ausgerichtete)
Wahrscheinlichkeit müssen beide von der mathematisch-statistischen Wahrscheinlichkeit unterschieden werden. (V 88)

41) Die besprochenen drei Stufen haben eine gewisse Aehnlichkeit mit den drei
Stufen des Marionettentheater-Aufsatzes. Worin diese Aehnlichkeit besteht,
könnte erst nach einer sorgfältigen Interpretation des Aufsatzes gesagt werden.
(V 88)

42) Es muss natürlich möglich sein, dass die erste und die zweite Erfahrung nicht
in der gleichen Richtung wirken, denn sonst würde die zweite Stufe mit der
dritten zusammenfallen.
Beispiel: Etwas Wahres liegt vor. Durch eine erste Erfahrung erweist sich,
dass es bloss "wahr" war und es wird jetzt für bloss wahrscheinlich gehalten.
Eine zweite, der ersten entgegengesetzte Erfahrung zeigt, dass die Zweifel
nicht gerechtfertigt waren und dass das, was zu Beginn für wahr gehalten wurde, wirklich wahr ist. (V 88)

43) Wir haben mehrmals feststellen können, wie das Wahrscheinliche die Wahrheit
verschleiert. Der Prinz von Homburg hält für einen Traum, was er in Wahrheit "unbewusst erlebt" (V 46). Nicolo glaubt, er sei selbst der Mann, der auf
dem Bild dargestellt ist und ihm gleicht (V 57). Und Rupert glaubt Jeronimus
nicht, dass Sylvester in einer Ohnmacht lag, während der Herold aus Rossitz
ermordet wurde (V 70). In diesen drei Fällen handelt es sich um Missverständnisse. In den folgenden drei Fällen liegt ein Betrug vor: Nicolo entdeckt nicht,
dass der Brief gefälscht ist (V 55). Varus vertraut Hermann und wird von ihm
verraten (V 64). Und die cheruskischen Heerführer merken nicht, dass sie von
Hermann belogen werden (V 65). (V 89)

44) Sembdner verweist in seiner Anmerkung (II916) auf zwei Stellen in Kleists
Dichtung, wo die Einsicht, dass "die Wahrscheinlichkeit ... nicht immer auf
Seiten der Wahrheit" ist, ausgesprochen wird: "Kohlhaas" (II 96,15) und
"Amphitryon" (694). Dann fährt Sembdner fort:
"Die Antithese 'Wahrheit' und 'Wahrscheinlichkeit' findet sich auch bei
Cervantes und Wieland." (II 916)
Hierher gehört aber auch der folgende Satz aus der Erzählung "Das Fräulein
von Scuderi" von E. T. A. Hoffmann:
"D'Andilly hatte ruhig alles angehört und erwiderte dann lächelnd mit
Boileaus Worten: 'Le vrai peut quelque fois n'être pas vraisemblable.'"
(V 90)

45) Der lyrische Zustand ist bei Kleist, der ein dramatischer Dichter ist (L 14/182
und 14/190), eine Ausnahme. Die Begriffe "lyrisch" und "dramatisch" sind
hier im Sinn von Staigers Fundamentalpoetik als "literaturwissenschaftliche
Namen für fundamentale Möglichkeiten des menschlichen Daseins überhaupt"
gebraucht (L 14/209). (V 92)

LITERATURVERZEICHNIS

Hier sind nur die Bücher, die in der vorliegenden Arbeit erwähnt werden, aufgeführt (in alphabetischer Reihenfolge der Geschlechtsnamen der Autoren). Die Ausgabe, nach der zitiert wurde, wird zuerst, andere Ausgaben werden in Klammer angegeben. Für die allgemeine Auseinandersetzung mit der wissenschaftlichen Literatur über Kleist sei auf das ausführliche Literaturverzeichnis in Kreutzers Buch hingewiesen, wo auch weitere Kleist-Ausgaben und die Bibliographien zusammengestellt sind (L 8).

1) Bischofberger, Daniel: Der Dreitakt in der Sprache Heinrich von Kleists. Diss. Zürich, Rotterdam 1960.

1a) Selbstreferat in: Germanistik 3, 1962, Seite 105.

2) Gadamer, Hans-Georg: Wahrheit und Methode. Grundzüge einer philosophischen Hermeneutik. 3., erweiterte Aufl. Tübingen 1972 (1. Aufl. 1960).

3) Heidegger, Martin: Sein und Zeit. 11., unveränderte Aufl. Tübingen 1967 (1. Aufl. 1927).

4) Heidegger, Martin: Unterwegs zur Sprache. 3., unveränderte Aufl. Pfullingen 1965 (1. Aufl. 1959).

5) Kleist, Heinrich von: Sämtliche Werke und Briefe. Herausgegeben von Helmut Sembdner. 5., vermehrte und revidierte Aufl. München 1970 (1. Aufl. 1952).

6) Holz, Hans Heinz: Macht und Ohnmacht der Sprache. Untersuchungen zum Sprachverständnis und Stil Heinrich von Kleists. Frankfurt am Main und Bonn 1962.

Rezensionen:
6a) von R. Masson in: Etudes Germaniques 18, 1963, S. 485.
6b) von W. Müller-Seidel in: Germanistik 5, 1964, S. 303.
6c) von E. Schwarz in: Journal of English and Germanic Philology 62, 1963, S. 872.

7) Kommerell, Max: Die Sprache und das Unaussprechliche. Eine Betrachtung über Heinrich von Kleist. In: Kommerell, Max: Geist und Buchstabe der Dichtung. 5. Aufl. Frankfurt am Main 1962, Seite 243 (1. Aufl. 1940). (Jetzt auch in: Deutsche Dramen von Gryphius bis Brecht. Herausgegeben von Jost Schillemeit. Frankfurt am Main und Hamburg 1965, Seite 185)

8) Kreutzer, Hans Joachim: Die dichterische Entwicklung Heinrichs von Kleist. Untersuchungen zu seinen Briefen und zu Chronologie und Aufbau seiner Werke. Philologische Studien und Quellen 41, Berlin 1968.

9) Müller-Seidel, Walter: Versehen und Erkennen. Eine Studie über Heinrich von Kleist. 3., unveränderte Aufl. Köln und Wien 1971 (1. Aufl. 1961).

10) <u>Rasch</u>, Wolfdietrich: Tragik und Tragödie. Bemerkungen zur Gestaltung des Tragischen bei Kleist und Schiller. In: Deutsche Vierteljahresschrift für Literaturwissenschaft und Geistesgeschichte 21, 1943, Seite 287.

11) <u>Schulz</u>, Hans und <u>Basler</u>, Otto: Deutsches Fremdwörterbuch. Berlin 1942.

12) <u>Sengle</u>, Friedrich: Vom Absoluten in der Tragödie. In: Deutsche Vierteljahresschrift für Literaturwissenschaft und Geistesgeschichte 20, 1942, Seite 265.

13) <u>Sembdner</u>, Helmut (Herausgeber): Heinrich von Kleists Lebensspuren. Dokumente und Berichte der Zeitgenossen. Vom Herausgeber überarbeitete und erweiterte Ausgabe München 1969 (1. Ausgabe Bremen 1957).

14) <u>Staiger</u>, Emil: Grundbegriffe der Poetik. 7. Aufl. Zürich und Freiburg i. Br. 1966 (1. Aufl. 1946).

EUROPÄISCHE HOCHSCHULSCHRIFTEN

Reihe I   Deutsche Literatur und Germanistik

Nr. 1   Henning Boetius, Frankfurt a.M.: Utopie und Verwesung. Zur Struktur von Hans Henny Jahnns Roman "Fluss ohne Ufer". 174 S. 1967

Nr. 2   Gerhard Trapp, Frankfurt a.M.: Die Prosa Johannes Urzidils. 235 S. 1967.

Nr. 3   Bernhard Gajek, Frankfurt a.M.: Sprache beim jungen Hamann. 113 S. 1967. (Neudruck)

Nr. 4   Henri Paucker, Zürich: Heinrich Heine: Mensch und Dichter zwischen Deutschland und Frankreich. 95 S. 1967. (Neudruck)

Nr. 5   Fritz Hackert, Stuttgart: Kulturpessimismus und Erzählform. Studien zu Joseph Roths Leben und Werk. 220 S. 1967.

Nr. 6   Michael Böhler, Zürich: Formen und Wandlungen des Schönen. Untersuchungen zum Schönheitsbegriff Adalbert Stifters. 100 S. 1967. (Neudruck)

Nr. 7   Rudolf Schäfer, Wiesbaden: Hugo von Hofmannsthals "Arabella". Wege zum Verständnis des Werkes und seines gattungsgeschichtlichen Ortes. 332 S. 1968.

Nr. 8   Leslie MacEwen, Washington: The Narrenmotifs in the Works of Georg Büchner. 52 S. 1968.

Nr. 9   Emil Wismer, Neuenburg: Der Einfluss des deutschen Romantikers Zacharias Werner in Frankreich (Die Beziehungen des Dichters zu Madame de Staël). 98 S. 1968. (Neudruck)

Nr. 10   Franz Hagmann, Freiburg: Aspekte der Wirklichkeit im Werke Robert Musils. 204 S. 1969.

Nr. 11   Ilpo Tapani Piirainen, Helsinki: Textbezogene Untersuchungen über "Katz und Maus" und "Hundejahre" von Günter Grass. 84 S. 1968.

Nr. 12   Georg Alexander Nowak, Wheeling, West Virginia, USA: Abhandlungen zur Germanistik. 80 S. 3 Karten. 1969.

Nr. 13   Gawaina D. Luster, Washington: Untersuchungen zum Stabreimstil in der Eneide Heinrichs von Veldeke. 112 S. 4 Tafeln. 1969.

Nr. 14   Kaspar Schnetzler, Zürich: Der Fall Maurizius. Jakob Wassermanns Kunst des Erzählens. 120 S. 1968.

Nr. 15   Dorothea W. Dauer, White Plains/USA: Schopenhauer as Transmitter of Buddhist Ideas. 40 p. 1969.

Nr. 16   Hermann Bitzer, Zürich: Goethe über den Dilettantismus. 124 S. 1969.

Nr. 17   Urs Strässle, Zürich: Geschichte, geschichtliches Verstehen und Geschichtsschreibung im Verständnis Johann Georg Hamanns. 166 S. 1970.

Nr. 18   Stefan F. L. Grunwald, Norfolk, Va./USA: A Biography of Johann Michael Moscherosch (1601–1669). 96 S. Illustrated. 1970.

Nr. 19   Philipp H. Zoldester, Charlottesville, Va./USA: Adalbert Stifters Weltanschauung. 186 S. 1969.

Nr. 20   Karl-Jürgen Ringel, Düsseldorf: Wilhelm Raabes Roman "Hastenbeck". 192 S. 1970.

Nr. 21   Elisabeth Kläui, Zürich: Gestaltung und Formen der Zeit im Werk Adalbert Stifters. 112 S. 1969.

Nr. 22   Hildegund Kunz, Baldegg: Bildersprache als Daseinserschliessung. Metaphorik in Gotthelfs "Geld und Geist" und in "Anne Bäbi Jowäger". 164 S. 1969.

Nr. 23   Martin Kraft, Zürich: Studien zur Thematik von Max Frischs Roman "Mein Name sei Gantenbein". 84 S. 1970.

Nr. 24   Wilhelm Resenhöfft, Kiel: Existenzerhellung des Hexentums in Goethes "Faust" (Mephistos Masken, Walpurgis) Grundlinien axiomatisch-psychologischer Deutung. 128 S. 1970.

Nr. 25   Wolfgang W. Moelleken, Davis/USA: "Der Stricker: Von übelen wiben". 68 S. 1970.

Nr. 26   Vera Debluë, Zürich: Anima naturaliter ironica – Die Ironie in Wesen und Werk Heinrich Heines. 100 S. 1970.

Nr. 27   Hans-Wilhelm Kelling, Stanford/USA: The Idolatry of Poetic Genius in German Goethe Criticism. 200 p. 1970.

Nr. 28   Armin Schlienger, Zürich: Das Komische in den Komödien des Andreas Gryphius. Ein Beitrag zu Ernst und Scherz im Barocktheater. 316 S. 1970.

Nr. 29   Marianne Frey, Bern: Der Künstler und sein Werk bei W. H. Wackenroder und E. T. A. Hoffmann. Vergleichende Studien zur romantischen Kunstanschauung. 216 S. 1970.

Nr. 30   C. A. M. Noble, Belfast: Krankheit, Verbrechen und künstlerisches Schaffen bei Thomas Mann. 268 S. 1970.

Nr. 31   Eberhard Frey, Waltham/USA: Franz Kafkas Erzählstil. Eine Demonstration neuer stilanalytischer Methoden an Kafkas Erzählung "Ein Hungerkünstler". 382 S. 1970.

Nr. 32   Raymond Lauener, Neuchâtel: Robert Walser ou la Primauté du Jeu. 532 p. 1970.

Nr. 33   Samuel Berr, New York: An Etymological Glossary to the Old Saxon Heliand. 480 p. 1970.

Nr. 34   Erwin Frank Ritter, Wisconsin: Johann Baptist von Alxinger and the Austrian Enlightenment. 176 S. 1970.

Nr. 35   Felix Thurner, Fribourg: Albert Paris Gütersloh – Studien zu seinem Romanwerk. 220 S. 1970.

Nr. 36   Klaus Wille, Tübingen: Die Signatur der Melancholie im Werk Clemens Brentanos. 208 S. 1970.

Nr. 37   Andreas Oplatka, Zürich: Aufbauform und Stilwandel in den Dramen Grillparzers. 104 S. 1970.

Nr. 38   Hans-Dieter Brückner, Claremont: Heldengestaltung im Prosawerk Conrad Ferdinand Meyers. 102 S. 1970.

Nr. 39   Josef Helbling, Zürich: Albrecht von Haller als Dichter. 164 S. 1970.

Nr. 40   Lothar Georg Seeger, Washington: The "Unwed Mother" as a Symbol of Social Consciousness in the Writings of J. G. Schlosser, Justus Möser, and J. H. Pestalozzi. 36 p. 1970.

Nr. 41   Eduard Mäder, Freiburg: Der Streit der "Töchter Gottes" – Zur Geschichte eines allegorischen Motivs. 136 p. 1971.

Nr. 42   Christian Ruosch, Freiburg: Die phantastisch-surreale Welt im Werke Paul Scheerbarts. 136 S. 1970.

Nr. 43   Maria Pospischil Alter, Maryland/USA: The Concept of Physician in the Writings of Hans Carossa and Arthur Schnitzler. 104 S. 1971.

Nr. 44   Vereni Fässler, Zürich: Hell-Dunkel in der barocken Dichtung – Studien zum Hell-Dunkel bei Johann Klaj, Andreas Gryphius und Catharina Regina von Greiffenberg. 96 S. 1971.

Nr. 45   Charlotte W. Ghurye, Terre Haute, Indiana/USA: The Movement Toward a New Social and Political Consciousness in Postwar German Prose. 128 p. 1971.

Nr. 46   Manfred A. Poitzsch, Minneapolis, Minnesota/USA: Zeitgenössische Persiflagen auf C. M. Wieland und seine Schriften. 220 S. 1972.

Nr. 47   Michael Imboden, Freiburg: Die surreale Komponente im erzählenden Werk Arthur Schnitzlers. 132 S. 1971.

Nr. 48   Wolfgang Dieter Elfe, Massachusetts/USA: Stiltendenzen im Werk von Ernst Weiss, unter besonderer Berücksichtigung seines expressionistischen Stils (Ein Vergleich der drei Druckfassungen des Romans "Tiere in Ketten"). 80 S. 1971.

Nr. 49   Alba Schwarz, Zürich: "Der teutsch-redende treue Schäfer". Guarinis "Pastor Fido" und die Übersetzungen von Eilger Mannlich 1619, Statius Ackermann 1636, Hofmann von Hofmannswaldau 1652, Assman von Abschatz 1672. 284 S. 1972.

Nr. 72   Hermann Gelhaus, Basel: Synchronie und Diachronie. Zwei Vorträge über Probleme der nebensatzeinleitenden Konjunktionen und der Consecutio temporum. 52 S. 1972.

Nr. 73   Xaver Kronig, Freiburg: Ludwig Hohl. Seine Erzählprosa mit einer Einführung in das Gesamtwerk. 188 S. 1972.

Nr. 74   Christine Merian, Basel: Die Gestalt des Künstlers im Werk Conrad Ferdinand Meyers. 116 S. 1973.

Nr. 75   Veronica C. Richel, Vermont: Luise Gottsched. A Reconsideration. 120 S. 1973.

Nr. 76   Theo Bungarten, Bonn: Sprache und Sprachanalyse des Deutschen. Vier Beiträge zur Methode und Theorie. 152 S. 1973.

Nr. 77   Wolfgang Köhler, Frankfurt a.M.: Hugo von Hofmannsthal und "Tausendundeine Nacht". Untersuchungen zur Rezeption des Orients im epischen und essayistischen Werk. Mit einem einleitenden Überblick über den Einfluss von "Tausendundeine Nacht" auf die deutsche Literatur. 180 S. 1972.

Nr. 78   Thomas Alfred Gehring, Zürich: Johanne Charlotte Unzer-Ziegler 1725–1782. 148 S. 1973.

Nr. 79   Alfons-M. Bischoff, Freiburg: Elias Canetti – Stationen zum Werk. 184 S. 1973.

Nr. 80   Roger C. Norton, Endicott: Hermann Hesse's Futuristic Idealism / The Glass Bead Game and its Predecessors. 150 S. 1973.

Nr. 81   Günther Schneider, Freiburg: Untersuchungen zum dramatischen Werk Robert Musils. 292 S. 1973.

Nr. 82   Gerhard Dünnhaupt, Washington: Diederich von dem Werder / Versuch einer Neuwertung seiner Hauptwerke. 148 S. 1973.

Nr. 83   Walter Gorgé, Bern: Auftreten und Richtung des Dekadenzmotivs im Werk Georg Trakls. 322 S. 1973.

Nr. 84   Alan B. Galt, Washington: Sound and Sense in the Poetry of Theodor Storm: A phonological-statistical study. 138 S. 1973.

Nr. 85   Heinz Eugen Greter, Freiburg: Fontanes Poetik. 202 S. 1973.

Nr. 86   Marcel Roland Mattes, Zürich: Das Bild des Menschen im Werk Otto F. Walters. 130 S. 1973.

Nr. 87   Michael Hadley, Victoria: The German Novel in 1790. A Descriptive Account and Critical Bibliography. 306 S. 1973.

Nr. 88   Gerhard Doerfer, Göttingen: Anatomie der Syntax. 257 S. 1973.

Nr. 89   Marie Theres Nölle, Zürich: Formen der Darstellung in Hartmanns 'Iwein'. 76 S. 1974.

Nr. 90   Bärbel Becker-Cantarino, Austrin: Aloys Blumauer and the Literature of Austrian Enlightenment. 132 S. 1973.

Nr. 91   Ursula Gray, Heidelberg: Das Bild des Kindes im Spiegel der altdeutschen Dichtung. 382 S. 1974.

Nr. 92   Jules Grand, Basel: Projektionen in Alfred Döblins Roman "Hamlet oder Die lange Nacht nimmt ein Ende". 204 S. 1974.

Nr. 93   Gisela Wünsche Hale, Detroit: Carossas Weg zur Schulderlösung. 84 S. 1974.

Nr. 94   Markus Diebold, Zürich: Das Sagelied/Die aktuelle deutsche Heldendichtung der Nachvölkerwanderungszeit. 120 S. 1974.

Nr. 95   Claus Süssenberger, Frankfurt/M.: Rousseau im Urteil der deutschen Publizistik bis zum Ende der Französischen Revolution. Ein Beitrag zur Rezeptionsgeschichte. 354 S. 1974.

Nr. 96   Victor Sialm-Bossard, Freiburg: Sprachliche Untersuchungen zu den Chemiefaser-Namen. Ein Beitrag zur Beschreibung der deutschen Gegenwartssprache.

Nr. 97   John McCarthy, Philadelphia: Fantasy and Reality – An Epistemological Approach to Wieland.

Nr. 98   Alfred Fritsche, Bern: Dekadenz im Werk Arthur Schnitzlers. 280 S. 1974.